京のことのは

吉岡幸雄・槇野修

幻冬舎

京のことのは

WORDS of KYOTO

幻冬舎

吉岡幸雄　槇野 修

はじめに

この地に平安京が造営されて、
千二百年あまりの歳月がたっている。
都は遷《うつ》ってしまっていて、
かつての都たる機能はうすれている。
だが、京都には、まだその残像、
王城の地であった芳香が漂っている。
長い年月の流れのなかで、
ひとしずく、ひとしずく、
土のなかにおちていった水が、
再び汲みあげられて、
都を縦横に
流れているかのようである。
都は名のように、
平安であった時は一度もなかった。

内で育った人、
外から来てこの地に住んだ人、
いずれもが
都を流れる水に出会いながら、
呼吸をして、この都を造ってきた。
なだらかな山にある樹木、
野にある草花に、
そして由緒ある古い社《やしろ》や御寺、
そこには都の人の思いが
こめられている。
街の大路小路、
そして奥まった路地の一角にも
そうした空気が流れている。
この本は、
そのような日本の古都で、
毎日のように響きあっている、
ことばを集めたものである。

【目次】

四季秋の章

四季冬の章

「祇園の夜桜」円山公園の枝垂桜

四季 春の章

立春大吉
りっしゅんだいきち

寒明《かんあ》けて春立《はるた》つとは名ばかりで、**立春**の二月四日、五日の京都はまだまだ寒い。地の底が冷えきっていて、足元から膝をつたわって寒さがしみこんでくるのである。陰暦で春は一月、二月、三月、**睦月《むつき》**、**如月《きさらぎ》**、**弥生《やよい》**と呼称する。禅寺、とくに曹洞宗《そうとうしゅう》では寺の入り口に**立春大吉**と書いた札を貼り、信徒の家も同様にして悪疫をふせぐ。

春寒料峭
しゅんかんりょうしょう

春風を肌にうすら寒く感じることを**料峭**という。峭は削りとったようなけわしさをあらわす。**余寒《よかん》**が厳しく**春《はる》遅々《ちち》**として訪れぬころのこと。

踵《くるぶし》に沁《し》む春冷の大畳　　久米正雄

梅と雪　大覚寺

梅見月
うめみづき

陰暦二月のこと。梅は桜にくらべて古来文人趣味に傾く花木で、『万葉集』においては、萩の百四十一首につづき百十八首が詠まれている。ちなみに桜は五十首と少ない。京都で梅見の名所といえば、**北野天満宮**、**京都御苑**の**蛤《はまぐり》御門《ごもん》**近く、**二条城**西南部、それに**府立植物園**などを数える。

淡雪
あわゆき

牡丹雪《ぼたんゆき》、**綿雪《わたゆき》**、**帷子雪《かたびらゆき》**ともいう**名残の雪**で、寺の屋根瓦や**町家《まちや》**の**坪庭《つぼにわ》**などをうっすらと白くさせるが、やがて短時間で消える。**雪の果《はて》**、**雪の別れ**である。京都市内では花吹雪と見紛う時期に思いがけない**忘れ雪**があったりする。

淡雪　大徳寺・竜源院

梅の名所　北野天満宮

菜種御供《なたねごく》

北野天満宮で二月二十五日（菅原道真の祥月命日）におこなわれる祭礼で、**北野梅花祭**《ばいかさい》ともいう。古くは菜種の花を献じたことにより、この名がのこる。神事がすむと、梅花の庭に緋毛氈《ひもうせん》を敷いて**上七軒**の芸妓の点前《てまえ》による野点《のだて》が催される。

　西陣の帯の売れゆき梅花祭

この星島野風の句は、上七軒の旦那衆である**西陣**の織屋の景気に祭の賑わいも左右されることを詠んだもの。また、三月末から四月にかけて春の長雨を**菜種梅雨**という。

北野天満宮の梅花祭

飛梅《とびうめ》

北野天満宮の祭神である菅原道真は梅を愛した人で、太宰府に流される前、住居であった紅梅殿の庭の梅に、

東風《こち》吹かば匂ひおこせよ梅の花
あるじなしとて春な忘れそ

の歌をのこした。するとその梅は、あるじを慕い、遠く太宰府まで飛んで、同地に根づいたという伝説がある。

鶯宿梅《おうしゅくばい》

村上天皇は、『後撰和歌集』の編纂《へんさん》を命じた文人肌の天皇であった。**清涼殿**前の梅の木が枯れたため、梅を移植させたが、その枝に、

勅なればいともかしこし鶯の
宿はと問はばいかが答へむ

という紀内侍《きのないし》（紀貫之の娘）の歌が結ばれており、その心に天皇は感動して元に返したという。この梅の木が、**鶯宿梅**として**相国寺《しょうこくじ》**の**塔頭《たっちゅう》林光院**にある。

あがり

上賀茂神社の氏子《うじこ》町では十五歳になった男子を祝う幸在祭《さんやれまつり》が二月二十四日におこなわれる。その成人となった男子を**あがり**と呼ぶ。大島紬の羽織姿で黒足袋に下駄、白襟巻が当日の装い。上賀茂神社や摂社の**大田神社**に行列参拝する。

伏見稲荷の千本鳥居

初午祭《はつうまさい》

稲荷神社の祭礼で二月の初午の日におこなわれる。もともとは田の神への信仰。和銅四（七一一）年のこの日に、稲荷神が**東山三十六峰**の南端の**稲荷山三ガ峰**に降臨したという言い伝えによる。全国の稲荷神社でおこなわれるが、**伏見稲荷大社**が本家として大変な賑わいを見せる。

朝の雲と比叡山

春の曙《はるのあけぼの》

近江の田には朝日が射して、琵琶湖の湖面は輝いている。しかし、京は**東山**の空がようやく明るくなり、それを映して**鴨川**の水面ばかりが白んで、街なかはまだ暗い。

春は曙。やうやう白くなりゆく、山ぎはすこしあかりて、紫だちたる雲の細くたなびきたる。

『枕草子』

春宵《しゅんしょう》

夕から宵になって夜になる。春の夕暮れ、三月末では六時になってやっと日が没するが空はまだ明るい。京の男たちは、仕事道具を片づけて、そろそろ**花街**へ出かける時刻だ。**西山**の空に残照を見て、軒端の店灯のともった小路を、今夜はどこで一盞《いっさん》を傾けようかとそぞろ歩く。

無為といふこと千金や春の宵

富安風生

朧月《おぼろづき》

日中は**霞**と呼ぶが、夜は**朧**となる。**草朧**、**谷朧**、**庭朧**、**海朧**など、見るものすべてがぼんやりと輪郭をうしなう様子である。昭和五年に長田幹彦作詞、佐々紅華作曲で発売された**祇園小唄**が大流行して、「月は朧」と「東山」、そして、「だらりの帯」は祇園情緒の全国的規模の定番となった。

比良八荒《ひらはっこう》

琵琶湖の西岸に南北に連なる比良山地があり、ここから湖面に吹き降ろす寒風を**比良おろし**という。冬の終わりに京都の街にも比良からの冷たい北西の風が吹く。このころ比良山中の寺で法華八講の法会があったため、比良八荒（八講）と呼ばれ、**比良八講荒れじまい**で季節のかわり目となる。

比良八講までの寒さとおもひつつ
うち仰ぎゐぬ京の風空　　吉井勇

人を春にする《ひとをはるにする》

昭和三十六年から三十七年にかけて朝日新聞に連載された川端康成の小説『古都』は観光案内的な名作といってよく、主人公の千重子の日常を通して京都の暮らし、年中行事、名所旧跡が描かれて、他郷人の京都への憧れを増幅させる。

冒頭は、千重子が幼なじみの真一と**平安神宮**へ桜見に出かける場面で、

　西の回廊の入り口に立つと、紅しだれ桜たちの花むらが、たちまち、人を春にする。これこそ春だ。

とある。平安神宮に限らず、京都はたしかに桜の宝庫**花洛**である。一日千本といった吉野の桜のように群れて咲くところは少ないものの、それぞれに味わいの深い桜木が多い。「京都に行く」という高揚もまた「人を春にする」ものといっていいだろう。

春の装い　千本通

枝垂桜

しだれざくら

　京に暮らすものは、わが桜をもっていて、その花どきが気にかかる。それは街なかの駐車場の角の桜だったり、**洛北**の寺の桜だったり、**伏見桃山御陵**の一本の枝垂桜だったりするのだ。
　枝垂桜は**糸桜**ともいい、京都府の府花となっている（昭和二十九年制定）。**円山公園**に咲く桜守佐野藤右衛門氏が丹精した**祇園の夜桜**と呼ばれる枝垂桜、谷崎潤一郎の『細雪』や川端康成の『古都』に描かれた**平安神宮**の**紅枝垂桜**が、あでやかな**京洛**の春を代表する。

　咲き満ちた紅しだれ桜の花の色が、胸の底にまで咲き満ちて、「ああ、今年も京の春に会った。」と、立ちつくしてながめた。
『古都』

山桜のつぼみ

山桜

やまざくら

　染井吉野全盛の桜木のなかで、白い花は郷愁をさそう。**比叡山**への道すがら、新緑のなかに白い綿をおいたような景色がいい。また、**山科**《やましな》**疏水**《そすい》から見上げる山腹の山桜も見事。

　しきしまのやまと心を人問はば
　朝日に匂ふ山桜花　　本居宣長

師範桜

しはんざくら

　高野川との合流点より上流を**賀茂川**と記し、北へ**葵**《あおい》**橋**、**出雲路**《いずもじ》**橋**、**北大路**《きたおおじ》**橋**が架かる。この付近の両岸の桜並木は、京の春景の第一等である。幅広くおだやかな水面に薄紅色が映り、遠く**北山**の峰々がかすむ。駘蕩《たいとう》とした春の喜びを感じさせる。この桜並木は、明治三十八年に、当時の京都府師範学校が賀茂川の美化運動として教職員と学生を動員して、二千数百本の桜の苗木を植えたものである。

平安神宮の紅枝垂桜

賀茂川と桜並木

京都御所の左近の桜

左近の桜

さこんのさくら

京都御所の**紫宸殿**《ししんでん》の南面に**右近の橘**《たちばな》と**左近の桜**が植えられている。左右は天皇から見ての位置であり、それぞれの樹のわきに右大将率いる右近衛府陣、左大将率いる左近衛府陣が縦列したところからの名。平安遷都時は左近の樹は梅であったがのちに枯れ、仁《にん》明《みょう》天皇が桜に替えたという。

墨染の桜

墨染の桜

すみぞめのさくら

深草の野辺の桜し心あらば
今年ばかりは墨染にさけ
『古今和歌集』

藤原基経《もとつね》を亡くした上野岑雄《かんつけのみねお》の歌で、桜も喪に服して、今年だけは墨に染まったような色で咲いてくれ、と願っている。**伏見区墨染**はこの古歌による地名。墨染寺境内に墨染桜はある。

勝持寺の西行桜

西行桜

さいぎょうざくら

桜に生き、桜に死すほどに桜に魅せられた歌聖にゆかりをもつ桜木は多い。京都には二つ。ひとつは、**洛西大原野**の**勝持寺**《しょうじじ》の**西行桜**（八重桜）。この寺は別名**花の寺**といわれるほど桜木に囲まれる。もうひとつは、**円山公園**の南の**双林寺**の飛地境内。西行庵前に何代目かの西行桜が咲く。

醍醐寺の桜

御車返しの桜《みくるまがえしのさくら》

京都御苑に**中立売《なかだちうり》御門《ごもん》**より入ると、北側にこの桜がある。ある天皇があまりの美しさに御車を戻されていま一度観賞したからの名という。また、この桜は一本の木に一重と八重の花がまざりあっている里桜の一種で、それをいぶかってある貴人が車を戻したという説もある。

醍醐の花見《だいごのはなみ》

秀吉には死の予感があったようで、晩年の春（慶長三年三月十五日）、**醍醐寺**で盛大な花見の宴を催す。子の秀頼と正室から側室全員をそろえての花めぐりであった。これにちなみ、四月一日から二十三日まで**醍醐桜会**が開かれ、大般若転読法要や狂言奉納、さらに当時の様子を模した花見行列が**桜の馬場**でおこなわれる。

御室の桜

おむろのさくら

御室の遅桜《おそざくら》ともいう。市中の桜が散ったあとも**御室仁和寺**《にんなじ》ではまだ桜見が楽しめるからで、**御多福**《おたふく》**桜**、**おかめ桜**とも愛称される。『都名所図会』によれば、この地は山に近く、つねに枝葉が風にもまれていたため樹高が伸びず屈曲した桜になったという。たしかに根元から幹が出て、人の眼の位置に花がある。仁和寺は光孝《こうこう》天皇の勅願により創建、宇多《うだ》天皇が当寺で出家し、寺内に僧房（御室）をもうけたため**御室御所**といわれた。その後、**門跡**《もんぜき》**寺院**として最高位に格された。

右つつじ左さくらの御室茶屋　　高浜虚子

落花流水

らっかりゅうすい

疏水《そすい》のあるおかげで京都の街は水辺に親しい都市といえる。もちろん街を南北に貫く**鴨川**もあり、**高瀬川**や**白川**といった繁華な界隈を流れる川もあってのことだ。その疏水に落花が散り敷く。流れのゆっくりした疏水ならではの景色で、疏水べりの小路も落花の道となる。すっかり有名になった**哲学の道**はその景色の代表で、花散るさかりには、水面が**花筏**《はないかだ》でびっしりと隠れるほどである。**岡崎付近**もいい散り景色である。

門前の疏水へ流す花の塵　　土山紫牛

夜桜

よざくら

夕暮れの三**条**から**川端通**を下り、**新**《しん》**門前**《もんぜん》**通**入り口の桜を見、**大和大路**《やまとおおじ》を南へ、**新橋通**に入り、**白川**沿いの桜遊歩道を歩き、祇園を愛した歌人、吉井勇の歌碑に散る落花を見て、**円山公園**にのぼれば、名桜**祇園の夜桜**が**花篝火**に映えて満開――。となれば、春宵一刻値千金の**都の都たるところ**の花めぐりである。また、北野天満宮の北西隣の**平野神社**の夜桜もいい。ぼんぼりに照らしだされた約五百本の桜花が夜空を隠すほどだ。嵯峨**広沢池**近くの佐野家も、篝火がたかれて情緒がある。

哲学の道　花どきの雨

平野神社の夜桜

花曇りの西山の桜

花冷え《はなびえ》

市中各所で花のさかりを迎えるころ、ふいに冷気がおそってくることがある。**花曇り**の空が低く、**花どきの雨**、氷雨《ひさめ》にも似たような雨が降ってくる。せっかく軽やかに舞っていった落花も道路わきに汚れてたまる。**花冷え**も**底冷え**と同様に京都ならではのことばであろう。

花の冷えと花の重たさの下をゆく　篠原梵

花疲《はなづかれ》

花を踏みし草履も見えて朝寝哉

蕪村の句。**木屋町**《きやまち》に宿をとった知り合いを訪ねるが、まだ寝ている様子だ。玄関先に脱ぎすてられた草履に花びらがはりついているのを見て、昨夜の花見に疲れたのかと思う。春のものうい昼と、さぞかし賑やかな桜見にうかれたであろう夜が対比される。

散椿 ちりつばき

名庭園や古社寺には、命名された名椿が多い。京都は椿の都といっていいほどだ。たとえば、**等持院**の**有楽《うらく》椿**、**竜安寺**の**侘助《わびすけ》椿**、別名**椿寺**といわれる**地蔵院**の**散椿**（二代目）、また、**霊鑑寺**や次の句の**法然院**も椿の名所。

春や椿二十五菩薩二十五花　日野草城

霊鑑寺の散椿

桃 もも

伏見に**桃山**という地がある。ここは、秀吉の**伏見城**が江戸幕府により廃城され、跡地に桃林がつくられたことによる。往時は、桃見の客で賑わった。桃山時代の名もこの地名から。

我が衣《きぬ》に伏見の桃の雫《しづく》せよ　芭蕉

山里の桃の花

花山吹 はなやまぶき

桜ばかりに気をとられて春がすぎるころ、**山吹**の鮮やかな黄色が目立ってくる。**祇園**の**白川**沿いでは子どもの背丈ほどの山吹が、晩春の**鴨東《おうとう》**を彩る。また、**宇治**の**興聖寺《こうしょうじ》**の参道や**松尾大社**境内の八重山吹も美しい。『源氏物語』で光源氏最愛の人となる紫の上は、花山吹の襲《かさね》の衣裳をまとい登場する。

松尾大社の山吹

水ぬるむ鴨川

枝垂柳《しだれやなぎ》

春の風の強い日、**鴨川**沿いの**川端通**や**二条城**付近の**堀川通**を歩いていると、薄緑の柳の細枝に顔を打たれることがある。柳は桜とともに都の春の景観を彩ってきた。素性法師が、

　見渡せば柳桜をこきまぜて
　　都ぞ春の錦なりける

と詠んだ光景は、いまの京都でも見ることができる。**伏見《ふしみ》中書島《ちゅうしょじま》**の**寺田屋**界隈の堀端の柳も清々しくていい。

春水《しゅんすい》

四条から**三条**にかけての**鴨川**の河原は水辺を求める人には格好の散歩道で、夕暮れどきには等間隔で若い男女が肩を寄せる姿が見える。**春水四辺に満つ**というほど鴨川は雪解け水によって水量を増すわけではないが、それでも小堰《ぜき》を落ちる白い飛沫の勢いが増す。

春日遅々《しゅんじつちち》

春の**日永**をいう。京を訪れる人にとって、**暮遅き**季節はもう一カ所足をのばせることになる。安住敦の名句、

旅人や暮春の塔にはたと遭ふ

というように、日ののこりのうちに、思いがけない寺社を見つけることもできよう。

行く春《ゆくはる》

京都は**湖底の風土**として、夏は**油照り**、冬は**底冷え**と寒暑が厳しい。このため、春と秋が終わることを惜しむ気持ちも強い。俳句の世界では、**行く春**や**行く秋**はあっても、行く夏、行く冬とはいわないようである。

行く春の町や傘売りすだれ売り　一茶

春の日永　曼殊院

人形寺　宝鏡寺の雛飾り

風車

かざぐるま

子どもの遊びとして平安時代から手《て》毬《まり》などとともに親しまれている**風車**。とくに京都の風車に特色があるわけではないが、江戸時代刊行の『雍州府《ようしゅうふ》志《し》』によると、**祇園町**のものがはじまりで、春の初めに多くつくられるとある。**四条大橋**を渡る子らの手に五色の風車が回る。明るい春の情景である。

街角の風を売るなり風車　三好達治

お雛さん

おひなさん

『源氏物語』の末摘花《すえつむはな》の帖に、「もろとも雛《ひひな》遊びしたまふ」とあるように、平安貴族の娘たちは、小さくてかわいい（ひいな）人形をつくって遊んでいた。これはとくに三月三日に限らない。また、巳《み》の日（上巳《じょうし》）の祓《はら》いといって人形《ひとかた》を紙や草木でこしらえ、自分の身体をなでて水に流し、災いを祓った。これらがいまの**雛祭**の原形。

嵯峨のお松明《さがのおたいまつ》

三月十五日にこの行事がおこなわれる**清凉寺**《せいりょうじ》は、**嵯峨の釈迦堂**と呼ばれ、嵯峨の中心的な寺である。**涅槃会**の法要のあと、すっかり暗くなった境内に高さ六、七メートルの三柱の逆円錐形の大松明が立てられ、護摩木の火を点じた藁束で火を放ち、その火勢によって農事の吉凶を占う。

清凉寺の嵯峨のお松明

涅槃会《ねはんえ》

釈尊の忌日は旧暦の二月十五日で、各寺では三月の同日に涅槃会の法要が営まれる。**東福寺**《とうふくじ》と**泉涌寺**《せんにゅうじ》では縦十六、横八メートル余の巨大な涅槃図が掲げられ参詣人を驚かせる（三月十四〜十六日）。両寺ともに東山の山懐《やまふところ》に抱かれる名刹《めいさつ》で、紅葉の名所だが、京人は雪の景色を絶妙としている。

泉涌寺の涅槃図

知恵詣《ちえもうで》

十三詣《じゅうさんまいり》ともいう。四月十三日、当年十三歳になった子どもが虚空蔵菩薩《こくうぞうぼさつ》に**知恵貰い**に参詣する行事。京都では**嵐山**の**法輪寺**《ほうりんじ》にゆく。参詣後、**渡月橋**《とげつきょう》を渡って帰るのだが、そこで後ろを振り返ると授かった知恵を返してしまうことになるので、みんながその子を囲んで急ぎ足で渡る。

春を呼ぶ都をどり

都をどり

みやこおどり

都をどりの開催を知らせるポスターがなじみの喫茶店やうどん屋さんに貼りだされ、**祇園**のお茶屋さんの軒先に赤い提灯が下げられると、ようやく春の賑わいが感じられるようになる。祇園の舞妓・芸妓による都をどりは明治五年に開かれた第一回京都博覧会に企画され、今日までつづいている。四月一日から三十日まで、「ヨーイヤサー」の華やいだかけ声で舞台の幕があく。ほかにも春踊りとして、**宮川町**の**京おどり**、**上七軒**《かみしちけん》の**北野をどり**がある。また、五月一日からは**先斗町**《ぽんとちょう》の**鴨川をどり**がはじまる。

今宮神社のやすらい祭

壬生狂言　土ぐも

やすらい祭

やすらいまつり

四月の第二日曜日、北区**紫野**《むらさきの》の**今宮神社**境内（疫《えき》神社）でおこなわれる京の祭のさきがけがこの**やすらい祭**である。**京都三大奇祭**のひとつ（ほかに**太秦**《うずまさ》の**牛祭**、**鞍馬**《くらま》の**火祭**）。もともとは、桜の散る季節に疫病がはやったため、花の霊を鎮める祭であった。直径二メートルもの花傘のまわりを踊り手が激しくとびはねて踊る。

カンデンデン

かんでんでん

中京区の**壬生寺**《みぶでら》でおこなわれる**壬生狂言**は、鉦《かね》と太鼓の「カンデンデン」の囃子で無言劇として演じられる。四月二十一日から二十九日の**壬生大念仏法要**の会期中の催し。初番の「炮烙《ほうらく》割り」に人気があり、ほかに曲目も三十番まである。

長き日を云はで暮行《くれゆく》壬生念仏　蕪村

嵯峨野の竹林

四季夏の章

卯の花月　うのはなづき

卯月《うづき》とも**花残月**《はなのこりづき》とも**夏初月**《なつはつづき》ともいう陰暦四月の呼称。陽暦の五月にあたる**早緑**《さみどり》匂う時節である。**卯の花**は空《うつ》木《ぎ》の花のこと、白い花穂を伸ばし、夜目にもこの花のまわりはほのかに明るい。小学唱歌「夏は来ぬ」に、卯の花の匂う垣根に、とあるのは、作詞の佐佐木信綱《のぶつな》が幕末の歌人、加納諸平《かのうもろひら》の、

山里は卯の花垣のひまをあらみ
しのび音もらす時鳥かな

に拠ったもの。このころの、春雨と梅雨のあいだの長雨を**卯の花腐**《くた》**し**という。

菖蒲葺き　端午の節句

風薫る　かぜかおる

東山の緑の色香を風が運んでくる。寒暑の厳しい京都にあって、初夏はもっとも過ごしやすい季節だ。桜見物と**祇園祭**の観光客の賑わいのはざまに、京人が京の良さをしみじみととりもどす日々である。

菖蒲葺きし軒にかぶさる大文字山　村山古郷

余花　よか

市中の桜が散り、遅桜で有名な**御室**《おむろ》**の桜**も終わり、京を囲む三方の山に若葉青葉が萌えるころ、山腹に春に遅れた桜が咲くことがある。これを**余花**、または**青葉**《あおば》**の花**《はな》とも**夏桜**《なつざくら》ともいう。

余花に逢ふ再び逢ひし人のごと　高浜虚子

夏浅し　なつあさし

夏めくころ通学途中の女子生徒の制服の色が白っぽく軽やかになる。現代は六月一日、むかしは、陰暦四月一日と十月一日が**衣更**《ころもがえ》の日で、衣裳を夏衣裳、冬衣裳にかえた。

夏立つや衣桁にかはる風の色　也有

八十八夜　はちじゅうはちや

立春から数えて八十八日目、五月二日ごろ。季語では晩春に入る。**八十八夜の別れ霜**ということばがあるように、遅霜のおりるころで、**宇治**の茶園農家ではとくに注意をはらう。残り少なくなったが、宇治界隈では茶摘みの風景が見られる。丘陵の茶畑の新緑を見るなら、**宇治田原**、**和束**《わづか》の里を歩くのがよい。

宇治の茶畑

葉桜　はざくら

春の嵐に花が舞い、**落花**が雨に打たれるころの桜の木には、落魄《らくはく》の寂しさがつきまとう。都の春をここぞと競っていた名桜も他の木々のなかに埋もれる。だが、日ごとに**夏めく**ころ、みずみずしい若葉を枝に繁らせ、もう一度、人びとの目を楽しませてくれる。

新茶　しんちゃ

昭和三十年代には、**宇治**界隈では、茶摘みのころ、小・中学校は休みになった。家の手伝いをさせるためだった。そのころに近くの茶園からもらった新茶の香りが懐かしい。最近の新茶は香りがなくなったと嘆いている人は多い。

葉柳　はやなぎ

春に初々しい葉を見せていた柳も夏に入るとまぶしいほどの緑を川畔に揺らす。**鴨川**沿い、**堀川通**の**二条城**付近、そして**中書島**《ちゅうしょじま》の寺田屋付近の川沿いが美しい。**夏柳**という。

葉柳の寺町過ぐる雨夜かな　白雄

右近の橘　うこんのたちばな

橘は五月から六月にかけて清楚な白色五弁の花を咲かせ、芳香をただよわせる。**花橘**《はなたちばな》と称し、冬に色づく実より花を愛《め》でる。**御所**の**紫宸殿**《ししんでん》に**左近の桜**とともに植えられている。

五月まつ花橘の香をかげば
昔の人の袖の香ぞする
『古今和歌集』よみ人しらず

青葉若葉　あおばわかば

初夏のころ、たとえば、**南禅寺**の三門にのぼり、**東山**の山並みを目前にすると、萌黄《もえぎ》色の若葉から常緑樹の新芽の浅緑色などさまざまな緑に目を奪われる。中村草田男が新季語として採用した**万緑**《ばんりょく》にふさわしい、満目《まんもく》ことごとく緑の滴る光景である。

若楓　わかかえで

南禅寺から**東山**の山脚に沿って北へのぼると、**永観堂**《えいかんどう》、**若王子神社**《にゃくおうじ》、**法**《ほう》**然院**《ねんいん》、**銀閣寺**にいたる。いずれもみずみずしい若葉に心洗われるような古社寺だ。とくに崖腹に立つ**永観堂**の**若楓**は境内にあふれ、堂内をめぐる板張りの廊下も新緑を映して緑色に染まる。

歩きては憩ひては水の若楓　渡辺水巴

夏木立　なつこだち

初夏の明るい空にさそわれて**京都御苑**を訪れると、木々はすっかり**夏木**の装いで、緑陰を濃くしている。**今出川通**を東へいき、**河原町通**を左に折れて**賀茂川**の橋を渡ると、**下鴨**《しもがも》**神社**の**糺**《ただす》**の森**《もり》の鬱蒼とした夏木立のなかに入る。木洩れ日が土の道に斑《まだら》模様を描いて、炎夏の京都はもう間近だ。

麦秋　ばくしゅう

麦の刈り入れどき、初夏のころを**麦秋**、または**麦**《むぎ》**の秋**《あき》と呼ぶ。麦畑の黄色と夏雲の白さがまぶしい季節である。街なかを離れ、**洛西**、**洛南**の地に出ると、京都にもまだ田園風景がひろがる。

苔寺へゆく道問ふや麦の秋　渋沢渋亭

斎王代の乗る牛車　葵祭

葵祭《あおいまつり》

五月十五日に、王朝衣裳に身を包んだ行列が、牛車とともに**京都御所**を出発して、**下鴨神社**をへて、**上賀茂神社**に向かい、神事をとりおこなう。古くは旧暦の四月二十三日ごろおこなわれ、**賀茂祭**といった。『源氏物語』の有名な車争いの場面は、この祭の前日のことである。

競べ馬《くらべうま》

五月五日、**上賀茂神社**の参道でおこなわれるものが有名だが、**伏見区**の**藤森《ふじのもり》神社**でも同日に催される。かつて旧暦の五月五日（今では六月初め）、馬に乗って鹿を追い、また、野草を採集して薬とし、梅雨や猛暑に備えたことの名残である。

杜若の群生　大田神社

御霊会《ごりょうえ》

この世に怨みをのこし、非業の死をとげた荒御魂《あらみたま》をまつり、怨霊を鎮める会式である。五月一日から十八日まで、**御霊**（上御霊）**神社**と**下御霊神社**でおこなわれる。祇園祭も疫病をおさめるための**祇園御霊会**としてはじまったものである。

紫の京《むらさきのきょう》

五月初めには**宇治**の**平等院**の藤が美しい。藤は**岡崎公園**の京都市美術館東庭のものもいい。**上賀茂神社**の摂社の**大田神社**の杜若《かきつばた》は五月中旬からが見ごろとなる。藤は淡い紫に、杜若は濃い紫に。初夏の京都は紫の季節である。

紫陽花
あじさい

七変化《しちへんげ》、または**八仙花**《はっせんか》ともいわれ、花の色が変わっていく。京都の湿っぽい梅雨どきをなぐさめるかのように咲く。伏見の**藤森**《ふじのもり》**神社**や宇治近くの**三室**《みむろ》**戸寺**《とじ》、**大原三千院**のものが見事だ。祇園の**白川**沿いにも小株がある。

あぢさゐの花に心を残しけん
人の行方も白川の水

谷崎潤一郎が、お茶屋大友の女将《おかみ》磯田多佳女をしのんでの詠。

曾我の雨
そがのあめ

芝居筋京は京にて曾我の雨　旨原

『曾我物語』の兄、十郎祐成《すけなり》は旧暦五月二十日に復讐を果たして死に、愛人の遊女虎御前《とらごぜん》は悲しみの涙を流した。そのため、この時期に降る雨を、**虎**《とら》**が雨**《あめ》とも言い伝えている。

平等院の藤

三室戸寺の紫陽花苑

梅雨寒
つゆざむ

六月も十日をすぎると、空はだんだんと雲が厚くなってくる。盆地の梅雨どきはよけいじめじめする。京都の年間降水量の約三割は梅雨の時期のものといい、長雨で寒さがもどることを**梅雨寒**という。

常磐木落葉
ときわぎおちば

紅葉の時期の色鮮やかな落葉にくらべ、初夏のころからはじまるスギやカシ、マツ、クスなどの常緑樹の落葉はひっそりとして目立つことはない。新葉が繁るため、古葉が落ちるのである。季語に、**杉落葉**、**松落葉**、**散**《ちり》**落葉**とある。

梅雨どきの栂尾

貴船祭
きぶねまつり

洛北の**鞍馬《くらま》**と**貴船**も六月になると夏の兆しにあふれ、そんな六月一日、別名、**虎杖《いたどり》祭**と呼ばれる**貴船神社**の祭礼がおこなわれる。参詣人が周辺のイタドリを採って、その大きさや収量を競ったことによる。

鞍馬路を貴船へ折れて祭かな　草間時彦

鞍馬の竹伐り
くらまのたけきり

鞍馬寺《くらまでら》の中興の祖、峯延《ぶえん》上人が修行中に大蛇におそわれたが、法力でその大蛇をバラバラに切ったという故事にもとづく行事。法師が近江座《おうみざ》、丹波座《たんばざ》に分かれ、青竹を伐る速さを競う。近江座が勝てば近江地方が、丹波座が勝てば丹波地方が豊作になる、と農事の占いとするのである。六月二十日におこなわれる。

竹伐り会式　鞍馬寺

白峯神宮にしつらえられた茅の輪

夏越の祓
なごしのはらえ

陰暦の六月晦日《みそか》と十二月晦日に、普段の生活の罪や汚れを祓《はら》いきよめることを**大祓《おおはらえ》**といい、六月の大祓を**夏越の祓**、十二月を**年越の祓**と称する。神社では茅萱《ちがや》を輪状に編んで「茅の輪」をつくり、参拝者がそれをくぐる**茅の輪くぐり**がおこなわれる。**上賀茂神社**では、名前と年齢を書いた形代《かたしろ》を小川に流す神事もおこなわれる。この時期、京都の人は**水無月《みなづき》**という菓子を食べる。

夕顔《ゆうがお》

『源氏物語』の夕顔の帖で印象深い花である。源氏がふと足をとめた賤《いや》しき家の垣根に夕顔の白い花が咲いていた。その家の佳人から扇にのせて花を贈られる。扇には歌が書かれていた。

心あてにそれかとぞ見る白露の
　光そへたる夕顔の花

源氏はその女に興味をもち、返歌をする。そして、逢瀬を重ねるが、ある夜、夕顔の君は急死する。たよりなげで清楚な女人とこの花が二重写しになる。

夕顔の花

深泥池の三槲

鮎《あゆ》

六月一日に**鮎漁**が解禁され、この日を待ち兼ねた太公望たちは、**桂川**や**鴨川**の上流に釣り糸をたらす。京都では、桂川の鮎が最上とされ、近世まで、**桂《かつら》女《め》**と呼ばれる行商の女性たちが市中に鮎を売りにきた。塩焼きにして蓼酢《たです》で食べたり、鮎ずしや鮎なますにしたり、京都の初夏を代表する味である。

ならべられつゝ口動く鮎を買ふ　阿波野青畝

三槲《みつがしわ》

北区に山に囲まれた周囲一キロの**深《み》泥池《どろがいけ》**があり、ジュンサイやモウセンゴケなどの水生植物が群生して、国の天然記念物になっている。初夏になると池畔に**三槲**の白い花がいっせいに咲き誇る。

床　ゆか

川床《かわゆか》とも納涼床とも呼ぶが、京人はただ「床」という。江戸時代から**四条河原**は、芝居小屋や祇園町の賑わいとともに人びとが集まり、夏には、水茶屋床几《しょうぎ》が置かれ、涼を取りながら酒を酌み交わすようになった。今日の床は西岸の傍流**みそぎ川**をまたぐように張り出される。

夏向きに建てる　なつむきにたてる

家の作りやうは、夏をむねとすべし。冬はいかなる所にも住まる。暑きころ、わろき住居は堪へがたき事なり。

『徒然草』吉田兼好

京都の夏の暑さは厳しい。そして、京都の風は南北に吹くことが多く、さらに強い西日を避けるためにも、表を南に、裏を北に向けて建てるのが最良とされ、そんな家を建てて、親を住まわせる子どもは親孝行な子といわれる。

みそぎ川に張り出された床

丹波太郎

朝曇《あさぐもり》

寝苦しい夜が明けると靄《もや》がかかったような曇り空で、こんな日は日中いちだんと暑さが増すようである。**朝曇**の空模様は午前中には晴れて、うだるような**炎暑**の時刻になる。

照りそめし楓の空の朝曇　石田波郷

丹波太郎《たんばたろう》

強い陽射しが大地をこがし、さかんな上昇気流によって積乱雲が生じる。真っ青な空とむくむくと湧き上がる白い入道雲は自然が描く**盛夏**の絵である。このダイナミックな**雲の峰**、とくに京の北の丹波地方で発生した積乱雲は、京都盆地を見下ろすように**愛宕山**《あたごやま》の上空に立つ。ときに激しい雷鳴をとどろかす。

小路の片陰　祇園石塀（いしべ）小路

夏日影　なつひかげ

炎天下の京の大路を歩くことは耐えがたい。少しでも日陰を求めて汗をぬぐう。陽炎《かげろう》に道が揺れ、クマゼミの大合唱がうるさいほどである。**片陰**《かたかげ》ということばがあり、強い午後の陽光と日陰のコントラストをあらわす。

旅人に慈悲の片蔭築地塀　雨宮昌吉

風死す　かぜしす

平成八（一九九六）年八月八日、京都の気温は三九・八度に達した。日本の最高気温の五番目にランクされる。ちなみに第一位は昭和八（一九三三）年七月二十五日に山形で観測された四〇・八度である。風がピタッとやんで、**炎気**が空から一層一層と積み重なっていくようだ。

清水の阪のぼり行く日傘かな　正岡子規

霞に煙る渡月橋

打水《うちみず》

家の表の通りを**かど**という。夏の子どもの手伝いは、年寄りから「かどに水撒きや」といわれる打水である。京都の**町家**《まちや》では、家の前の道だけでなく、走り庭と呼ぶ家の土間にも打水をする。

夏霞《なつがすみ》

俳句の世界では、**霞**は春、**霧**は秋の季語となる。**鴨川**をへだてていつもは葉のそよぎまで見えるかのような**東山**も**夏霞**に煙る。そんな日は**嵯峨野**や**嵐山**の景色も淡いベールをかぶる。

羅《うすもの》

京の男連中は、見栄を張るところがあって、着流しのきもの姿を嫌がる。ちょっとした外出にも**羅**《ら》や**絽**《ろ》、**紗**《しゃ》の羽織をはおる。傍目にも涼しげな**夏衣**だ。

祇園祭《ぎおんまつり》

梅雨が明けた強い陽射しのなかで、京都最大の祭がはじまる。七月一日の神事始めの**吉符《きっぷ》入り**から二十九日の**神事済奉告祭**までの約一カ月が、**祇園会《ぎおんえ》**、または**祇園御霊会《ごりょうえ》**とも呼ばれる祭の総体である。平安時代、洪水などにより疫病が流行し、その退散を願ったことが発祥。

宵山《よいやま》

七月十六日、翌日の**山鉾巡行**をひかえ、京人の興奮は夏夜の熱気とともに高まる。灯の入った**駒形提灯**、鉾の上から奏でる**祇園囃子**。**山鉾町**の通りは大勢の人出で埋まる。

南北の夜の通風に祇園囃子　山口誓子

山鉾巡行《やまほこじゅんこう》

いよいよ**祇園祭**のクライマックスである。七月十七日、午前九時、疫病邪悪をはらう長刀《なぎなた》を立て、**生稚児《いきちご》**を乗せた**長刀鉾**を先頭に、各山鉾が**四条通**を東行しはじめ、雄壮な**辻回《つじまわ》し**をおこないながら、市中を巡行するのである。

灯の入った駒形提灯

巡行の鉾を指揮する音頭取の扇

函谷鉾の真木

油照り　あぶらでり

京都の人は、あまり避暑や避寒によそへ出かけるという習慣をもたない。**祇園祭**で七月がすぎ、**愛宕《あたご》さん**の**千日《せんにち》詣《もうで》**があって、**万灯会《まんどうえ》**があり、**六道詣《ろくどうまいり》**をして、盆の**迎え火**をたき、八月十六日の**五山の送り火**である。そして二十日をすぎるころからの**地蔵盆**。夏は行事に忙しく、肌にべっとりとからみつく熱気のなか、それでも京にいるのである。

雷響　らいきょう

京都の夏は、しばしば**雷鳴**を聞く。東京や大阪ほど高い建物が林立していないせいか、**厳《いか》つ霊《ち》**の神が盆地の低空で縦横無尽にあばれているような感じである。とくに**鴨川**の橋を渡るときなど、身のちぢむ思いがする。

油照りの祇園祭

西山に落ちる夕日

湖底の風土《こていのふうど》

はるかむかし、京都盆地は断層によって陥没した湖の底であった。夏の暑さも冬の底冷えも、その**湖底の風土**がもたらすものだ。

京都人は、春と秋を享受する代償として、夏と冬とを諦観しているのである。

と林屋辰三郎は、名著『京都』（岩波新書）の冒頭に述べている。

西日の矢《にしびのや》

京都では、南北方向に建つ家はともかく、西に窓をもつ家や店先を開く商店に矢のように射す西日は強烈な**炎気**をもたらす。**西山**に沈むギラギラと朱色に輝く太陽がビルのガラスに反射して思わず目を伏せる。

晩夏光《ばんかこう》

京都に多いクマゼミの大合唱がいくらか勢いを弱める**百日の夏の果て**のころ、**鴨川**の橋から眺める**三辺の山**もしだいに澄んで見えるようになる。しかし、家々の軒下を歩けば、まだ熱気がこもっている。

夏の果て《なつのはて》

祇園祭の余韻からまだ覚めないうちに**大文字の送り火**の話になる。そんなとき京人は、今年の夏も暑かったな、といいつつ、多少寂寞《せきばく》の思いにかられる。**底冷え**のときは**油照り**を、**炎熱**の日には**風花**《かざはな》の舞う京の風景を懐かしむ。毎年のことながら**京にても京なつかしや**（芭蕉）といった心境である。

燃え立つ夏　醍醐寺付近

晩夏の夕雲　嵯峨野

夜の秋《よるのあき》

寝苦しかった夏の夜も少し人ごこちつく土用半ばに、はや秋の涼風の吹くころのことを**夜の秋**と俳人はいう。**西山**の残光が消え、薄藍《うすあい》の空を小路の軒上に見ながら、ほっとして家路につく季節のかわり目である。

涼気《りょうき》

京都の気候は市中いちようではない。冬なれば**四条大橋**に**風花**《かざはな》が舞うとき、**北大路**あたりは**細雪**《ささめゆき》だろうし、**北山**は本格的に雪になっている。夏も同様に**四条河原町**や**京都駅**付近はうだるような暑さでも、**上賀茂神社**のせせらぎや**清滝**《きよたき》の流れには涼気がおとずれていよう。

山間に立つ涼気　京北町

胡瓜封じ《きゅうりふうじ》

病気にかかった人は胡瓜で身体をなでて、その病気を胡瓜に封じ込め、土に埋めるか川に流すかすれば治癒《ちゆ》するという言い伝え。土用の丑《うし》の日とその前後には右京区の**蓮華寺**《れんげじ》、**西賀茂**の**神**《じん》**光院**《こういん》でおこなわれる。

御手洗祭《みたらしまつり》

下鴨神社境内の**御手洗池**に素足をひたして悪疫からのがれ、罪や汚れを洗い流すとされた禊《みそぎ》の風習。古くから京都の子どもたちは、土用の丑《うし》の日に親にせきたてられ行かされるのである。

千日詣《せんにちもうで》

「お伊勢七度《たび》、熊野にゃ三度、愛宕《あたご》さんには月まいり」といわれるように、**愛宕山**は身近な信仰の地。といっても山頂までは健脚でも約二時間はかかる。**愛宕神社**は火の神様で**お竈**《くど》**さん**の火の用心の護りである。七月三十一日の夜から八月一日の朝にかけて登ると、千日の功徳があるという。

胡瓜封じ　神光院

夜を通しておこなわれる千日詣　愛宕神社

八朔にあいさつにまわる祇園の舞妓

八朔《はっさく》

八月一日は、古くは、たのみ（田の実）の節といい、転じてつね日ごろ、たのみ（頼み）とする人、主人方や師匠連に贈り物をする行事となった。**祇園町**では正装した芸妓・舞妓がお茶屋の女将《おかみ》や習いごとの師匠にあいさつしてまわる。

陶器祭《とうきまつり》

八月七日から十日まで、**五条坂**界隈で大規模におこなわれる陶器市。近くの**珍皇寺**《ちんこうじ》の**精霊会**《しょうりょうえ》に参詣する人びとを目当てに市を開いたのがはじまりで、いまや京都人だけでなく遠方からの買物客で雑踏する。

六道詣《ろくどうまいり》

衆生が来世におもむくとき、前世の業《ごう》により、地獄、餓鬼、畜生、修羅、人間、天上の六つの道に分けられるという。**鳥辺《とりべ》山**は京の葬送地で、盆に冥途から帰ってくる精霊たちは、麓《ふもと》の**珍《ちん》皇寺《こうじ》**付近の**六道の辻**を通るとされ、八月七日から十日にかけて京人は、同寺に参詣して先祖を迎えるのである。

お精霊さん《おしょらいさん》

七月に**祇園祭**で御霊祓《ばら》いをしたあと、京都の町は先祖供養の町になる。家では仏壇が清められ、墓を掃除して十万億土から戻る精霊を迎える準備をする。家の**かど**（表）を掃き、**打水**をして夕刻には**迎え火**をたく。浴衣姿の幼い子がそのまわりをうろちょろするのもほほえましい光景である。

東大谷本廟の万灯会

万灯会《まんどうえ》

盆の**お精霊《しょらい》さん迎え**として**万灯会**をおこなう。よく知られているのが、八月七日から十日の**六波羅蜜寺《ろくはらみつじ》**の大の字形の燭台に土器《かわらけ》の皿を置き、菜種油に火をともすものである。また、**東大谷本廟**でも十四日から十六日にかけて広い山の斜面に万灯を献じる。

五山の送り火（右から妙法、船形、左大文字、鳥居形）

松明上げ《まつあげ》

愛宕《あたご》信仰のひとつ。火の用心、さらに五穀豊穣、盆の**精霊送り**が重なった火の祭。**花背《はなせ》**では八月十五日、**雲ケ《くもが》畑《はた》・広河原《ひろがわら》**では二十四日におこなわれる。高さ約二十メートルの檜丸太の先端に竹の笠をとりつけて、そのなかに杉葉を入れて立てておく。午後八時、古老の合図で参加者はいっせいに松明《たいまつ》を投げ上げて笠に点火する。

五山の送り火《ごさんのおくりび》

はじまりは室町時代といわれる。**盂《う》蘭盆会《らぼんえ》**、**お精霊《しょらい》さん迎え**がすむと、再び冥途に帰る霊を送る行事がおこなわれる。八月十六日、京都の山に**送り火**がくっきりと浮かび上がる。「大」をはじめ、「妙法」「左大文字」、船形、鳥居形の送り火もある。

広河原の松明上げ

地蔵盆《じぞうぼん》

京都の町を歩くと、小さな祠《ほこら》がそこかしこにあるのに気づかれるだろう。京都ではお地蔵さんは雨露をしのぐ家をもっている。八月二十三、四日、町内の**地蔵尊**は、子どもたちによって新しい衣裳を着せられ、花とご馳走を供えられる。夕方からは子どもたちが車《くるま》座《ざ》になってお菓子を食べながら遊ぶ。

色とりどりに色づいた蔓　京都会館

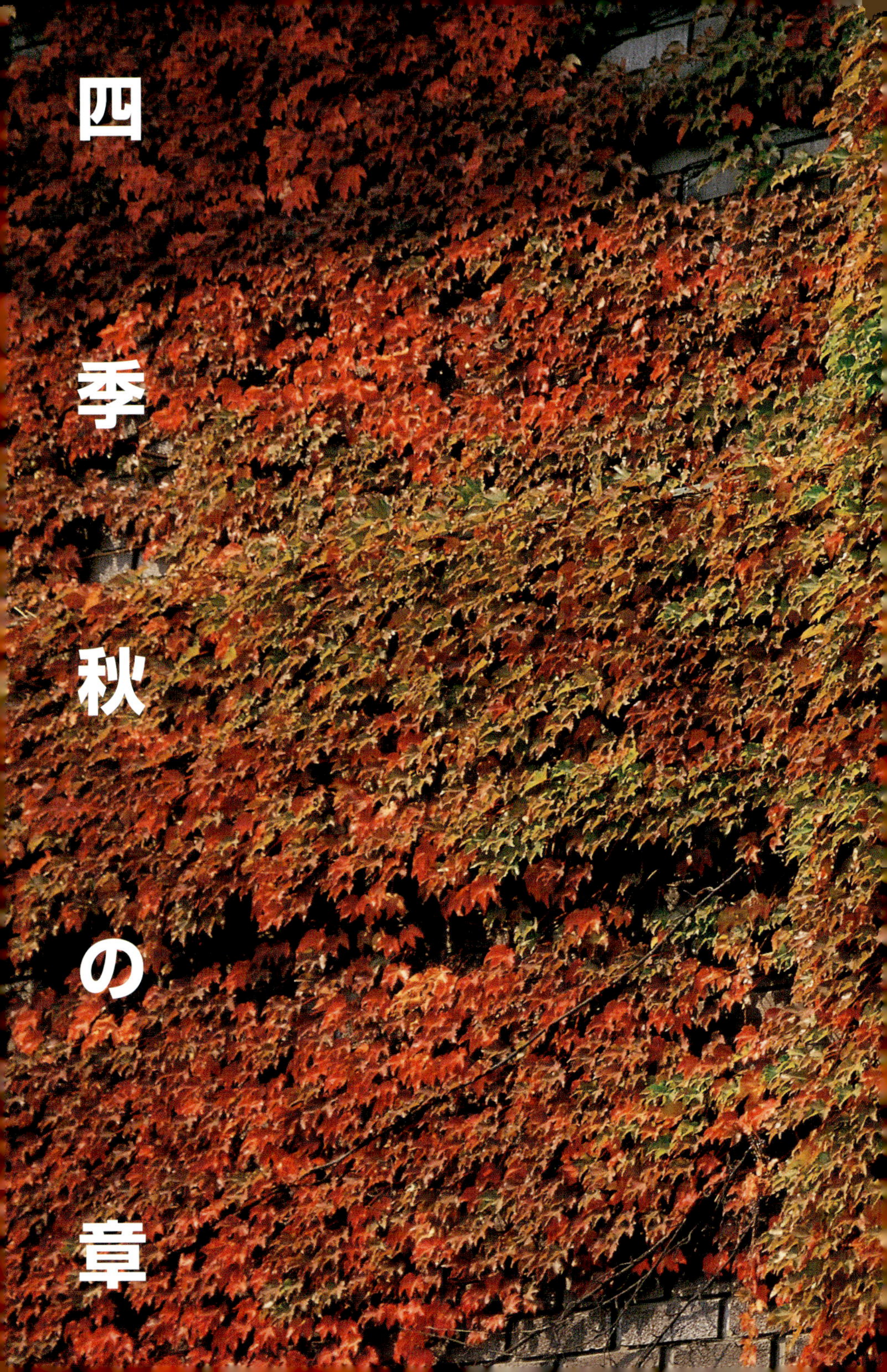

四季 秋の章

色無き風《いろなきかぜ》

中国の五行《ごぎょう》思想は木、火、土、金、水を基本構成にして、色では、青、赤、黄、白、黒があてられ、さらに白は秋とされている。季語でも秋は、**白秋《はくしゅう》**、**白帝《はくてい》**、また**金秋《きんしゅう》**と使われる。秋の風は、白色の**色のない風**という。

物思へば色なき風もなかりけり
身にしむ秋の心ならひに
『新古今和歌集』久我太政大臣雅実

新渋《しんしぶ》

京都では、**南山城《みなみやましろ》**、**宇治田原**、**木《き》津《づ》**あたりで渋柿が多く採れる。早秋、まだ青い渋柿を砕いてしぼり、しぼり汁を発酵させる。その**柿渋**といわれる液は染料として重宝され、建築では防水や防腐剤としての効用があった。

川風や薄がききたる夕涼み　芭蕉

この句の薄がきとは薄い柿渋色の衣のこと。

秋高し《あきたかし》

夏のもやった空気が日一日と澄んで、**東山**の間近な山容も、**北山**の奥行きのある峰々も、曇りをとった眼鏡をかけたように鮮明に見えてくる。市中の大路から見上げる空も青く高い。

秋麗ら《あきうらら》

物の音も澄み、陽射しも射るような強さはなく、秋の気配が濃くなってくる。京の初秋は、京人も京を歩く絶好の季節である。

白壁の日はうはつらに秋よさて　路通

文披月《ふみひろげづき》

陰暦七月はこのほかに、**文月《ふづき》**、**七夕《たなばた》月《づき》**、**女郎花月《おみなえしづき》**、**涼月《りょうげつ》**、**親月《しんげつ》**などと呼ぶ。陽暦では、八月上旬から九月上旬のころ。また、陰暦八月は、**葉月《はづき》**、**月《つき》見月《みづき》**、**木染月《こそめづき》**、**紅染月《べにぞめづき》**、**桂月《けいげつ》**などという。さらに陰暦九月は、**長月《ながつき》**、**菊月《きくづき》**、**梢《こずえ》の秋**、**稲刈月《いねかりづき》**という。

秋暑し《あきあつし》

秋来てもなほ夕風を松が根に
夏を忘れしかげぞたちうき
『風雅集』藤原定家

夕刻にカナカナと蜩《ひぐらし》の声は聞こえて、秋のはじまりは感じるものの、京の暑さは素直に暦どおりに立ち去ってはくれない。まだ**片陰《かたかげ》**を求めて歩く人が多いころである。

初秋の夕暮れ　広沢池

秋の雲　嵯峨野

光悦寺垣と萩　光悦寺

菊日和《きくびより》

秋の好日、おだやかでよく晴れた日のことを菊の香りがただようかのようで、**菊日和**と称する。**府立植物園**や**二条城**で愛好家の菊の展示会がおこなわれる。

秋草《あきくさ》

涼やかな風になびく秋の七草――**萩**、**尾花**《おばな》（**芒**《すすき》）、**葛**《くず》、**撫子**《なでしこ》、**女郎花**《おみなえし》、**藤袴**《ふじばかま》、**桔梗**《ききょう》。なかでもひときわ目を引くのが、**萩**である。**高台寺**や**鷹峯**《たかがみね》の**光悦寺**が知られる。光悦寺の竹を斜めに組んだ**光悦垣**にもよく似合う。また、御所の東側の**梨木**《なしのき》**神社**にも境内に約千本の萩が咲く。

黄昏や萩に鼬《いたち》の高台寺　蕪村

菊の節供《きくのせっく》

陰暦九月九日は、正月七日、三月三日、五月五日、七月七日とともに五節供のひとつ。陽数の九が重なるので**重**《ちょう》**陽**《よう》**の節会**ともいい、宮中では延命長寿に効用があるという**菊酒**を飲んだ。**嵐山**の**法輪寺**《ほうりんじ》では同日、重陽の**菊花祭**が開かれ、菊酒がふるまわれる。

菊酒　上賀茂神社

菊枕《きくまくら》

重陽《ちょうよう》の日（九月九日）に菊の花を摘んで、乾燥させて枕に詰める。邪気を祓《はら》い不老不死の効があるという。いわば、いまでいうハーブの効用であろう。

嵯峨菊　深草「近善」

嵯峨菊　さがぎく

十月の中ごろから**町家**《まちや》や商家の表に、針のような細い色とりどりの花びらをもつ、直立した菊を見かけることがある。この独特な形の菊を**嵯峨菊**という愛好家は丹精して育てる。上、中、下段の花の数が三・五・七と決められているというが、それは戦後にいわれたこと。

虫すだく　むしすだく

万葉の時代は秋に鳴く虫をすべてコオロギといったというから、文明が進むことは分類が進むことかもしれない。平安朝の貴人たちは鳴き声にあわせて名をつけ、**虫合せ**といって声のよしあしをくらべあい、**虫聞き**に嵯峨野など郊外に足をのばした。

山の端にかかる月

夜長 よなが

春の**日永**、秋の**夜長**という。夏の**短夜**にくらべ、めっきり夜が長くなったと思うが、実際にもっとも夜が長いのは、冬至前後である。**秋小寒**《あきこさむ》といって、朝夕に肌寒さをおぼえるころになる。

待宵 まつよい

宇治川に架かる**観月橋**《かんげつきょう》は、その名のとおり観月の名所であった。月は東山からのぼり、川面にその光が映る。待宵は陰暦八月十四日の宵のことである。明日の夜の**十五夜**の天気が心配で、とりあえず今夜の月を愛《め》でておこうとするもの。

明月 めいげつ

陰暦八月十五日の夜の月、**中秋の名月**である。**東山**にかかる月が代表的な勝景だが、**御所**の松の梢《こずえ》にかかる月もいい。

名月に鏡磨《と》ぐなり京の町　藤野古白

月見の飾り

色づく稲穂と曼珠沙華　美山町

秋の色　あきのいろ

芒《すすき》が夕日に輝く**銀の色**、**銀杏**《いちょう》の陽を透過するような**黄朽葉**《きくちば》、そして**蔦**《つた》や**楓**《かえで》の紅葉。秋は色が自在に移ろってゆく。

山里の里のしるべの薄紅葉
よそにもをしき秋の色かな
『玉葉集』後鳥羽院

月見　つきみ

陰暦八月十五日と九月十三日の月を愛でること。**月見**ほど秋の行事として知られるものはないだろう。季節感がとぼしくなったとはいえ、京都の家々でも、**月見団子**に**芒**を供えることは欠かさないようだ。

紅葉の善峰寺

初紅葉《はつもみじ》

紅葉の見ごろはいつですか、というお尋ねが多い。そして旅の人は、見ごろより早く京都においでになる。山では**桜**や**櫨**《はぜ》が染まっても、京の紅葉の代表である**楓**《かえで》の出番は意外に遅い。十一月の中旬以降と申し上げておこう。

山粧う《やまよそおう》

春の青葉若葉が山容をよみがえらせるのを**山笑う**といい、黄葉紅葉に彩るのを**山粧う**という。**三尾**《さんび》の薄化粧からはじまり、**嵐山**、**東山**、**西山**と秋の深まりとともに粧いは濃くなる。

秋はもみじの…《あきはもみじの》

秋はもみじの**永観堂**《えいかんどう》ともいい、また秋はもみじの**真如堂**《しんにょどう》ともいう。いずれも左京区の東山の山裾《すそ》にある古刹《こさつ》。堂《どう》宇《う》と紅葉《こうよう》の取り合せが見事である。

大徳寺付近の大銀杏

雑木紅葉　ぞうきもみじ

櫨《はぜ》紅葉とか銀杏《いちょう》黄葉とか柿紅葉のように黄葉紅葉の美しい木には名木紅葉《なのきのもみじ》として名がつくが、雑木林や山間の道をなんの木ということなく秋色に染める場合、**雑木紅葉**という。京の山々は人工杉の林が多いが、ところどころ雑木の林があって、晩秋は色彩の美しさに酔う。

雑木林の紅葉　嵯峨野

暈繝に染まる楓葉

野分のあと

野分

のわけ・のわき

秋、野の草を分けるように吹く強い風、台風のこと。京都は盆地なので、台風がやってきても大きな被害を被ることは少ない。『源氏物語』には「野分」の帖があって、嵐の翌朝、光源氏の息子・夕霧が、父のいる六条院を見舞う場面が印象的である。

川霧

かわぎり

宇治の里は、山懐《やまふところ》にあり、**宇治川**に川霧が立つ幻想的な景色で知られる。霧の発生する地形は茶の栽培に適しているのである。

宇治川や朝霧立ちて伏見山　　鬼貫

蘆刈

あしかり

蘆《あし》は葦《よし》のこと。晩秋のころ、河原に群生する枯れた蘆を刈って、屋根を葺く材料にしたり、葦簀《よしず》をつくったりする。**宇治川**、**桂川**、**木津《きづ》川**が合流するあたりでは、いまも晩秋になると蘆を刈る光景が見られる。

錆鮎

さびあゆ

子をもった鮎は川を下り、産卵して海に入り、**年魚《ねんぎょ》**として一年の寿命を終える。**落鮎《おちあゆ》**とも、**渋鮎《しぶあゆ》**ともいう下り鮎は、背は黒で腹は赤く鉄錆色になる。そんな**錆鮎**の落ちてゆく川面に時雨が降りかかる。

山間に湧く霧

霧時雨《きりしぐれ》

山里の**大原**や**鞍馬**《くらま》の道を歩いていると、冷気がおりて、霧雨とも霧ともつかぬ細かい**霧時雨**に出合うことがある。傘をさすほどではないと、目的の寺社を訪れると、帰路につくころには道はしとどに濡れていたりする。

北山時雨《きたやましぐれ》

時雨は季語としては冬のものだが、冷寒の厳しい京都では晩秋の景色だろう。**北山**で降りのこした雨が盆地の北で時雨になる。洛西で**丸太町通**より北を見ると、山際が時雨れている様子が見える。水上勉氏の『片しぐれの記』という名随筆にその光景が詳しい。

秋の虹　京北町

秋の虹　あきのにじ

さっと狭い範囲に**時雨**《しぐれ》が降る。そのあと、午後の陽が斜光線で射す。夏の虹とちがって弱々しく短時間の七彩だが、ちょっと隣の人に教えたい気持ちになる。

秋扇　あきおうぎ

秋扇のほか、同じように**秋団扇**《うちわ》とか**秋簾**《すだれ》ということばがあって、それぞれ**忘れ扇**とか**捨て団扇**、**簾の名残**などという。晩夏の形見だろうが、扇面の汚れた団扇が部屋の棚にあったりする。

あたたかい白川畔の燈

秋の燈《あきのひ》

秋の燈のほつりほつりと京の端　日野草城

三条や**四条**の賑わいを離れて、**洛西**なり**洛南**の旧街道筋にもぽつんと軒燈をともす居酒屋があり、馴染みの客がいつものようにいる。灯はあかあかと燃えさかる火の意で、燈はともしび。秋の灯ではいけない。

小夜砧《さよきぬた》

麻や楮《こうぞ》、葛《くず》などの植物繊維を着ていた時代、石の台の上で叩いて柔らかくした。その台のことを**砧**という。のちに木の台になったが、いずれも女性の夜業《よなべ》仕事であった。

仁和寺や門の前なる遠砧　几董

秋の日 あきのひ

秋はとくに午後の陽射しに哀感があって、**門跡寺院**《もんぜき》の白い**筋塀**に木の影を映したり、下校の坂を下りる生徒の影を長く引いたりして、**つるべ落とし**に暮れてゆく。寺社の参詣客も閉門時間がせまり、あわただしい様子だ。

冬隣 ふゆどなり

紅葉がさかりをすぎて風に舞うころ、頬には冷たい北山からの風があたる。そのころ、**御所**の砂利道を歩いたり、**鴨川**にかかる橋にたたずむのがいい。春・夏・秋隣とあるが、**冬隣**の語がいちばん心に響くようだ。京人は、間近な冬を思うと、今年の冬はどれほどの寒さがおとずれることかと凛《りん》とした気持ちになって冬支度を急ぐ。

冬隣の陽射し

末枯 うらがれ

紅葉黄葉も枝を離れ、木々も枯れそめて、地上の草も葉先からしおれることを**末枯**という。**秋の果**《はて》、**秋寂**《さ》**ぶ**、**秋の限**《かぎり》といった愁寂の時候である。

わが恋は庭のむら萩うらがれて
　人をも身をも秋の夕暮
　　『新古今和歌集』慈円

秋の名残　大原

時代祭

石清水祭

いわしみずまつり

京都市の南、**八幡《やわた》市**の**男山《おとこやま》**山頂にある**石清水八幡宮**で九月十五日におこなわれる祭。**石清水放生会《ほうじょうえ》**ともいう。平安時代よりつづく伝統ある祭礼で、「染司よしおか」の工房では、このとき神前に捧げる御花神饌《しんせん》を奉納している。

瑞饋祭

ずいきまつり

北野天満宮の秋の大祭。**瑞饋《ずいき》**（芋茎）とは、里芋の茎のことで、その茎で屋根を葺いた神輿が呼びもの。神輿のまわりも野菜や果実で飾りつけられる。農事の豊穣を祈る祭で、十月一日から五日までおこなわれる。

時代祭

じだいまつり

十月二十二日は昼は**時代祭**、夜は**鞍《くら》馬《ま》の火祭**と、著名な祭がおこなわれ、いそがしい一日である。時代祭は、明治二十八年の平安奠都千百年の事業としてはじまったもので、平安時代から明治までの時代風俗衣裳を身にまとった行列が市中を歩く。

瑞饋祭

鞍馬の火祭

くらまのひまつり

十月二十二日の夜にはじまる**鞍馬山由岐《ゆき》神社**の勇壮な火の祭礼。鞍馬の里の少年たちが、まず一、二メートルの松明《たいまつ》を背に町内を練り歩き、やがて屈強な若者たちが、長さ約五メートル、重さ五十キロあまりの燃えさかる大松明をかつぎ、火の粉を夜空に舞い上げながら石段をのぼる。

牛祭

うしまつり

京都三大奇祭といえば、この**牛祭**と**鞍馬の火祭**、そして、春、今宮神社でおこなわれる**やすらい祭**だ。十月十日午後七時ころ、異形の出で立ちに身を包んだ摩多羅《まだら》神が牛にまたがり、従者とともに**太秦《うずまさ》**の**広隆寺**を出発、周辺を練り歩く。

牛祭

鞍馬の火祭

温習会

おんしゅうかい

祇園の芸妓・舞妓が日ごろの修練の芸を丹念におさらいする会。華やかな春の**都をどり**とは趣をちがえて、しっとりした舞台を好む人も多い。十月上旬、祇園甲部歌舞練場で催される。

凍てる冬

四季　冬の章

薄氷の張る池　嵯峨野

神無月《かんなづき》

陰暦十月は、このほか**時雨《しぐれ》月**、**初霜月**などと異称する。陽暦では十一月中旬の時候。陰暦十一月は**霜月**、**雪待月**、**神楽《かぐら》月**、陰暦十二月は**師走《しわす》**、これは今日でもよく使われる。走る師は家々に読経して回るのに忙しい僧のこと。

愛宕おろし《あたごおろし》

簪《かんざし》はたまたま風にゆらめきぬ
　愛宕おろしの君にふく時

とは吉井勇の恋歌だが、これは比較的やさしい**愛宕おろし**だろう。西高東低の気圧配置がもたらす地域的な寒風で、冷たい**時雨《しぐれ》**や**風花《かざはな》**をともなって、京の冬本番を思わせるのが愛宕おろし。

冬の落柿舎

霜の朝　京北町

比叡おろし

ひえいおろし

比叡《ひえ》おろし今日もまた吹く舞姫の
　恋やぶれよと云ふがごとくに

再び、吉井勇の歌。**比叡山**は東西両面が急斜面で、そのせいか、強い風が京の街に滑りおりてくる。今日もまた吹く、と歌われたように、**比叡おろし**は数日つづき、盆地の底を冷たくする。

京の底冷え《きょうのそこびえ》

愛憎さまざまに京都への思いを描く水上勉氏に京の寒さを聞いてみる。

足袋《たび》もはかず、あかぎれ足をちぢこまらせていたので、冷寒は足裏から骨をつたって頭のてっぺんまでつきぬけた。寒いというよりは痛かった。寺の床が高かったせいかもしれぬ。寝ていると庫裡《くり》の縁の下は風音がして地虫も啼《な》かず、ああ、またあしたも雪かと眠りつくまで霜焼け手をこすりあわせている。

（『日本紀行』「京の冬」）

また、京の街なかで暮らす杉本秀太郎氏は、『続・洛中生息』でこう書く。

ストーブを身近に引き寄せていても、机の下の膝がしらからしんしんと冷える。夜の更けるにつれて、冷えがさらに一段と迫ってきて、おお寒う、今晩はよう冷えるな、と我知らず呟いている。

京の寒さは両の名文につきよう。

風花《かざはな》

「かざばな」というより濁らないで、「かざはな」というほうがいい。空は晴れているのに、頬に冷たい小粒の雪があたる。冷たさと心地よさが同居する京の冬の典型の気候だ。

下京や風花遊ぶ鼻の先　沢木欣一

短日《たんじつ》

冬至を前後に、夕方五時にもなると、もうすっかり日が落ちて、暗い**寒夜**を手をこすりながら家路につくことになる。京人は**凍《い》てる冬**をひっそりと籠もり暮らす。

冬ざれ《ふゆざれ》

冬になることを「冬さる」といい、見渡す景色が一様に冬枯れて、低い曇天の空が万物の色を奪ったように、京の街全体が白っぽい色にかすれてしまう。

冬ざれや貴船の宮の手水鉢　井上洛山人

雪の桜《ゆきのさくら》

昭和二十九年に四十一センチの積雪を記録したのが最高で、京都市中には、それほどひどく雪が積もるということはない。夜中に音が静まって、朝、窓の外はうっすらと**雪化粧**をしている。そんなとき、桜はまた花どきのような粧いで、これまた別の趣がある。

雪の日　上京区

愛宕山にかかる霧

鴨川の百合鷗

雪催いの空《ゆきもよいのそら》

京まではまだ半空《なかぞら》や雪の雲　芭蕉

西への思いを秘めて、上洛の途上を足早に歩く俳聖の姿が浮かぶ名吟。後半生を京で暮らした蕪村ほどではないが、芭蕉、一茶にも京を詠んだ秀句は多い。

名残の空《なごりのそら》

大晦日の空を、**年の空**とか**名残の空**という。はやばやと年越しの準備を整えた家もあり、まだ忙しく玄関を入ったり出たりしている家もある。せつろしい（あわただしい）日の夕暮れにふと見上げる空に人は何を思うのであろうか。

鉢叩き《はちたたき》

十一月十三日の空也上人の忌日から四十八日間、**空也堂**の僧が念仏をとなえ、鉦《かね》または太鼓を叩きながら市中を巡ったことをいう。それにしても、今日の空也堂の荒れ方はひどい。

納豆きる音しばしまて鉢扣　芭蕉

寒念仏《かんねぶつ》

寒行のひとつで、念仏・題目をとなえ、これも鉦や太鼓を叩きながら市中を歩く。最近は、橋のたもとに立って念仏をとなえている僧の姿をよく見かける。

施主多き祇園小路や寒念仏　名和三幹竹

百合鷗《ゆりかもめ》

都鳥《みやこどり》ともいう全長四十センチほどの純白の鳥で、京都の冬、鴨川の風物詩である。冬にシベリアから来て、京の川で遊ぶ。日がな川面にいて、夕刻、比叡山をめざし、琵琶湖に帰るという。**先斗町**の花街をともす赤い提灯には、この鳥がかわいらしくデザインされている。

帰り花《かえりばな》

小春日和《こはるびより》にさそわれて、桜や桃などの花が季節はずれに咲くことを、**返り花**、**狂い咲き**、**忘れ花**という。

汗拭いて米搗《つ》く僧や帰り花　蓼太

お十夜《おじゅうや》

十一月五日から十五日までの十日間、浄土宗などの寺では、十日十夜にわたって念仏法要がおこなわれる。とくに左京区の**真如堂**《しんにょどう》での法要が知られ、毎夜大鉦八丁が打ち鳴らされる。そして参詣者には**十夜粥**がふるまわれる。

お火焚《おひたき》

十一月、神社や火を用いる仕事をしている家では、火を焚いて家内安全、無病息災を祈願する。**新嘗**《にいなめ》**祭**の一種といわれる。とくに**伏見稲荷大社**の**火焚祭**（八日）が知られ、全国の信者から奉納された四十万本にもおよぶ火焚串が燃やされたあと、神楽《かぐら》と人長舞《じんちょうまい》が稲荷神に奉じられる。

火焚祭　伏見稲荷大社

まねきが上がった南座

まねき上げ《まねきあげ》

十二月の**顔見世**《かおみせ》興行に出演する役者名を独特の勘亭流の文字で書き、その看板を**南座**の入り口の上に掲げる。十一月二十五日ごろにおこなわれ、京の歳時記として冬の到来を告げる。

顔見世《かおみせ》

江戸時代の歌舞伎興行では、役者や狂言作者の契約は、十一月から翌年十月までの一年契約で、十一月には新しい役者が舞台で名乗り口上をおこなう。これを**顔見世**とか**面**《つら》**見世**といった。今日、本来の意味はなくなったが、看板役者が出演し、京都**南座**では十二月（東京の歌舞伎座では十一月）が**顔見世興行**となる。祇園の芸妓・舞妓衆による**総見**《そうけん》もあり、華やかに師走を彩る。

顔見世の京に入日のあか〱と
久保田万太郎

大根だき　了徳寺

針供養　法輪寺

針供養《はりくよう》

十二月八日、嵐山の**法輪寺**《ほうりんじ》では、手芸、芸能の守り神である虚空蔵《こくうぞう》菩薩《ぼさつ》を祀り、全国から持ち込まれた使用済みの針を供養する。厚さ七、八センチのこんにゃくに五色の糸を通した針を刺し、裁縫のいっそうの上達を願う。左京区**岩倉**の**針神社**でもおこなわれる。

煤払　東本願寺

大根だき《だいこんだき》

十二月九、十日、右京区**鳴滝**の**了徳寺**では約三千本の大根を煮《た》いて参詣客に供する。中風除けに効能があるという。七、八日には上京区の大報恩寺でも催される。

事始《ことはじめ》

そもそもは十二月十三日に正月の準備をはじめることだが、いまは、京舞の井上流家元へ祇園の芸妓や舞妓があいさつにいくことが、師走の風物詩としてたびたびニュースにとりあげられる。

煤払《すすはらい》

東西の**本願寺**では十二月二十日、僧侶や奉仕の人たちが煤竹で畳を叩き、後ろから大団扇で一年の煤を払う。これもまた京都の師走の風物詩である。

冬の夕暮れ　三条大橋

果ての二十日《はてのはつか》

果ての月とは十二月のことで、十二月二十日は、むかし、罪人を処刑した日にあたり、正月用意とか歳暮のあいさつに外出することを嫌った。西日本では山仕事にいくことを忌んだ。

終弘法《しまいこうぼう》

毎月二十一日は空海（弘法大師）の忌日で、**東寺**では御影供《みえく》法会をおこなうが、十二月は**終弘法**として、境内の露店市は正月用品を求める人でいっそう賑わう。

終天神《しまいてんじん》

北野天満宮でおこなう祭神・菅原道真公の十二月二十五日の最後の縁日。ここも露店が多く並び、植木や正月の品々を買い求める人がつめかける。

おけら詣　八坂神社

歳晩　さいばん

十二月も押しつまっての**年の暮れ**のこと。京都では十三日から正月の支度をはじめる家も多く、そのころから大晦日にかけてのあわただしさがこのことばにこめられる。

大原女《おはらめ》にまたことづてや年の暮　高浜虚子

おけら詣　おけらまいり

大晦日から元旦の未明にかけて、**八坂神社**や**北野天満宮**で浄火を吉兆縄にいただいて、消さないように家に持ち帰り、元日の炊事の火種とする。おけらとは、キク科の植物名で、火にくべるとむかしから薬効があるとされて、**おけら火**と呼んでいた。火を移した縄をくるくる回しながら帰る様子がほほえましい**歳晩**の光景である。

初詣《はつもうで》

平安神宮、**伏見稲荷大社**、**上賀茂神社**、**下鴨神社**、それに**北野天満宮**などが、京都では初詣客の多いところ。**八坂神社**は**おけら詣**《まいり》と初詣をかねて出かける人が多い。

正月の伏見稲荷大社

門松《かどまつ》

根引きの男松と女松を組み合せて半紙に巻き、水引をかけたものを門口にかけるのが標準だろう。京都では十四日までが**松の内**となり、**門松**を飾る。東京に見られるような一対の松竹を仰々《ぎょうぎょう》しく立てる家は少ない。

上賀茂神社の正月飾り

正月飾り　祇園

【京の正月句】

元日二日京のすみぐ〱霞けり　蕪村
元日や松静かなる東山　闌更
塔頭に賀状配りの郵便夫　中火臣
大徳寺庫裡深々と名刺受　山口誓子
渡月橋松の内なる往来《ゆきき》かな　室積徂春

登り亀石の正月飾り

恵方詣《えほうまいり》

恵方というのは、陰陽道において、その年のもっとも縁起のよい方向のことをいう。**初詣**では、その方向にある社に参詣して、今年一年の吉兆を祈るのである。

人日《じんじつ》

一月七日、**七種**《ななくさ》の日のこと。もともと七種は、宮中で京の**七野**から摘んできた野草を粥にしたことがはじまりとされている。

人日や都はなれて宇治木幡　　大谷句仏

懸想文売り　須賀神社

懸想文《けそうぶみ》

男女おのおの良縁を得るための縁起として買う。畳紙《たとうがみ》に米粒を二、三粒入れたものを、**八坂神社**では元旦から十五日まで、神社に奉仕する**犬神人**《いぬじにん》が赤袴《あかばかま》と烏帽子《えぼし》、白い布の覆面姿で売る。そもそもは**建仁寺**前ではじまったものといわれている。

組重《くみじゅう》

いわゆるお節料理、お煮しめなどを盛った四つ重ねの重箱で、京都の家庭では正月の**組重**だけは省略しないでつくるようである。歳時記では**喰積**《くいつみ》ということが多い。

正月の組重

歳徳神

柳箸《やなぎばし》

太箸とも、**雑煮箸**ともいう。正月の**組重**をいただくときに、**箸紙**に包んで家族めいめいの前に置かれる。新しい年のあらたまった感じがするもの。柳の木を使うのは、折れにくく吉兆に通じるからである。

歳徳神《としとくじん》

新年になると新しい神（年神）がやってくる。それを**歳徳神**といって、棚をつくり、小松を立て、神酒や鏡餅を供えて迎える。親しみをこめて、**年徳**《としとく》さんとか**若年**《わかどし》さんといったりする。

火迺要慎のお札

火迺要慎《ひのようじん》

京都の家の台所や飲食店の調理場には、必ずといっていいほど、この**火迺要慎**の護符が貼られている。火の神様である**愛宕**《あたご》**神社**の火除け札である。参詣した人が山頂まで登り、買い求めて近所に分けてあげるのである。

七種《ななくさ》

一月七日に、セリ、ナズナ、ゴギョウ、ハコベラ、ホトケノザ、スズナ、スズシロの七種の野草を加えた粥をつくり、祝う。また、この**七種**を浸した水で爪を湿して切ると、その年の邪気を祓《はら》う**七種爪**や、風呂に七種を入れて入浴する**福沸し**もある。

城南宮の若菜祭

七福神詣《しちふくじんまいり》

一月七日までに七福神を祀る社寺を巡拝する。京都にもいくつもの社寺の組み合せがあるが、たとえば、大黒天（左京区**妙円寺**）、弁財天（上京区**妙音堂**）、毘沙門天（上京区**廬山寺**）、福禄寿（北区**遣迎院**）、恵比寿（上京区**護浄院**）、寿老人（中京区**革堂**《こうどう》）、布袋尊（中京区**大福寺**）というものがある。

筆始《ふではじめ》

学問の神様である菅原道真を祭神とする**北野天満宮**の**書初**《かきぞめ》は大勢の子どもたちを集め、一月二日から四日までおこなわれる。一列に並んで書く子どもの背中ごしに心配そうに親がのぞく。

寒紅梅咲くや北野の筆始　正田雨青

祇園、歌舞練場での始業式

始業式《しぎょうしき》

祇園、**先斗町《ぽんとちょう》**、**宮川町**の花街では、一月七日に正装した芸妓・舞妓が各歌舞練場に集まり、**始業式**として、一年の仕事始を祝い、なおいっそうの精進を誓い合う。**上七軒《かみしちけん》**では九日におこなう。

十日ゑびす大祭《とおかえびすたいさい》

一月十日の前後五日間、**四条通**から**大和大路**を南に入ると**恵美須神社**までの沿道に露店が並び、雑踏する。昨年の**福笹**をおさめ、新しいものを買い、商売繁盛を願う。大阪の今宮戎《えびす》にくらべ小規模であるが、それでも数万人の京人が詣でる。

粥占

十日ゑびす（初ゑびす）　恵美須神社

通し矢《とおしや》

三十三間堂でおこなわれる**弓引き初め**の儀式。むかしは三十三間堂の端から端までの約百二十メートルを射たが、現在は、全国大会として各地から有段者が集まり、六十メートルの距離でその優劣を競う。一月十五日の開催。

粥占《かゆうらない》

御粥祭ともいい、一月十五日におこなわれる。粥をたき、その状態を見て、農事の吉凶を占うもの。京都では**相楽**、**上賀茂**、**下鴨**、**貴船**の各神社と**北野天満宮**などでの儀式が知られている。

餅花

餅花

もちばな

柳や水木《みずき》や榎《えのき》の枝に紅白の小さな餅をつけ、玄関先や応接間、または神棚の近くの柱などに飾る。**花餅**とも**花飾**、**餅の花**ともいい、正月十四日の飾りものとして、花が咲く春を待つ気分が伝わる。

女正月

おんなしょうがつ

元旦を中心とした**男正月**（大正月）に対して、十五日前後を**女正月**（小正月）という。暮れから正月の忙しさのなかで立ち働いた女性たちの休息日といったもの。

骨正月

ほねしょうがつ

一月二十日のこと。関東では**二十日正月**という。正月のおさめの日で、正月の食べものもこのころには骨だけになって、たとえば鰤《ぶり》の骨と大根などを煮《た》いて食べる。

寒椿　嵯峨野

寒椿

かんつばき

花の色のない冬の京都を歩いていて、たとえば**嵯峨野**の小路の竹垣の上などにハッとさせられるような赤い**冬椿**を見ることがある。淡く積もった雪の日など、赤色が映えていっそう鮮烈に見える。

小松引　上賀茂神社

小松引

こまつひき

正月子《ね》の日に野外に出て、小松をとり、宴を張る遊楽が、平安貴人たちにあった。松は常磐の緑をたたえるのでめでたい植物として祝儀にかなうとされていた。**子の日の遊び**ともいった。

節分

若菜摘

わかなつみ

きみがため春の野にいでて若菜摘む
我が衣手《ころもで》に雪は降りつ、
『古今和歌集』光孝天皇

京の郊野に出かけて**七種**《ななくさ》（**若菜**）を摘む。七日の**七種粥**のためであるから、六日の行事である。

鬼には鰯

おににはいわし

節分の鬼退治には、豆をまいて鬼の目つぶしとしたり、**柊**《ひいらぎ》に生臭い**魚**（**鰯**）を添えて退散を願ったりする。鬼は外、福は内の掛け声だが、京都の神社ではもともとうちの社に鬼はいないといい、福は内だけを連呼するところもある。

賀茂川の残照

洛中洛外の章

上ル下ル《あがるさがる》

北に行くことを**上ル**、南に行くことを**下ル**という。**御所**に向かうことを**上ル**、離れることを**下ル**という説もあるが、平坦な地形の京都盆地でも北から南になだらかに傾斜しているから、それに拠ったのである。**河原町通三条上ル**、といえば、河原町通と三条通の交差点を北に行った場所という意味である。

西入ル東入ル《にしいる ひがしいる》

碁盤の目状に通りがつくられているため、京都人は東西南北に敏感である。南北は**上ル下ル**で、そこから左折右折を**西入ル東入ル**という。**四条通大和大路東入ル**は、四条通と大和大路の交差点を東に行くということ。**上ル下ル西入ル東入ル**が上手に使えたら、一人前の京都通である。

大路小路《おおじこうじ》

平安京を造営するとき、南北に十一本の**大路**、二十二本の**小路**を一町間隔につくった。大路は八丈から十二丈、小路は四丈の幅を基準とした（一丈は約三メートル）。これら南北路を**縦路**《たてみち》という。東西路は**横路**《よこみち》といい、大路十三本、小路二十六本がもうけられた。

祇園の路地

図子と路地《ずしとろうじ》

図子は**辻子**とも書く。**路地**（ろうじと発音）は**露地**とも書く。四辺を通り（**大路**《おおじ》**小路**《こうじ》）に囲まれた京都の家並みで、内部の空間を利用するために細い図子や路地をつくった。図子は通り抜けられる道のことをいい、行き止まりの場合、路地という。図子の開通によってできた区画を**図子町**として、現在も多くみられる。**一軒露地**ということばもあり、これは一軒の家のための路地ということで、比較的裕福な家がその路地の奥にある。

膏薬図子

通り名覚え唄《とおりなおぼえうた》

縦路、**横路**、**大路小路**が多いため、五七調でリズミカルに口ずさみながら通りの名前とその位置を覚えるようにしたもの。たとえば、「丸竹夷二押御池、姉三六角蛸錦」（まるたけえびすにおしおいけ、あねさんろっかくたこにしき）と東西路を覚える。**丸太町《まるたまち》通**、**竹屋町《たけやまち》通**、**夷川《えびすがわ》通**、**二条通**、**押小路《おしこうじ》通**、**御池《おいけ》通**、**姉小路《あねやこうじ》通**、**三条通**、**六角通**、**蛸薬師《たこやくし》通**、**錦《にしき》小路通**と北からの順番を覚えるわけである。

また、南北路の覚え唄は、「寺町御幸麩屋富柳、堺高間東車」（てらまちごこうふやとみやなぎ、さかいたかあいひがしくるま）ではじまり、東からの**寺町《てらまち》通**、**御幸町《ごこまち》通**、**麩屋町《ふやちょう》通**、**富《とみ》小路《のこうじ》通**、**柳馬場《やなぎのばんば》通**、**堺町《さかいまち》通**、**高倉《たかくら》通**、**間ノ町《あいのまち》通**、**東洞院《ひがしのとういん》通**、**車屋町《くるまやちょう》通**と覚えるのだ。

平安京《へいあんきょう》

桓武天皇は延暦三（七八四）年に長岡京の造営を開始したが、度重なる異変により、和気清麻呂の発議もあって、葛野郡**宇太野**の地に新京を建設して延暦十三（七九四）年十月、遷都の詔《みことのり》を発した。この**平安京**は、治承四（一一八〇）年の平清盛による半年間の福原京を除き、明治二（一八六九）年の東京遷都まで、約千百年間王城であった。しかし、その名が願ったような平安な都ではなかった。

条坊制《じょうぼうせい》

碁盤目状に区画した市街構造で、中国の都城を模したもの。藤原京にすでに見られる。平城京を経て、**平安京**で完成した。南北は九条、東西は八坊に分けた。現在の京都の市街は、往時から変貌したとはいえ、この規矩に基づいている。

北野天満宮北門近くのお土居跡

羅城門《らじょうもん》

羅城とは城の外郭の意で、平安京も周囲を羅城で囲むつもりであったようだが、それにはいたらず、京域の南端、**朱雀《すざく》大路**の入り口として、間口七間、奥行二間、二重閣の鴟尾《しび》をいただいた正門だけがもうけられた。天元三（九八〇）年の暴風雨で倒壊、荒廃したまま朽ちた。芥川龍之介の『羅生門』（今昔物語に拠る）にそのころの様子が詳しい。

お土居《おどい》

建築・土木の天才、豊臣秀吉が京都の城塞化と洪水による被害から守るために築いた土塁。東は**鴨川**の西岸、西は**紙屋《かみや》川**の東岸、北は**鷹峯《たかがみね》**、南は**九条**までとして（総延長約二十三キロ）、高さ五尺から十二尺の土堤で囲い、その外側に堀をめぐらせた。いま、**北野天満宮**近くなどにその名残が見られる。

朱雀大路《すざくおおじ》

中国五行《ごぎょう》思想による、南方、朱雀の方角からのびる大路の意。南北約五・三キロ、東西約四・六キロの都域をもつ**平安京**の中央に、**大内裏**《だいだいり》（皇居を中心に諸官庁の区域）の**朱雀門**から南の**羅城**《らじょう》**門**まで**朱雀大路**を通した。ほかの大路が八丈から十二丈の幅員であるのにこの朱雀大路は二十八丈（約八十四メートル）におよんだという。朱雀大路の東を左京、西を右京とした。いまの**千本通**がかつての朱雀大路の位置になる。

東寺・西寺《とうじ・さいじ》

平安京造営時に**羅城門**の東西に創建された国家鎮護のための二大官寺。**東寺**はその後空海《くうかい》に勅賜され真言密教の道場となる。**西寺**は守敏《しゅびん》に勅賜、王城鎮護の寺として発展するが、再三の大火により、鎌倉初期に廃絶した。

東寺の五重塔

東山からの眺め

洛中洛外《らくちゅうらくがい》

市街地を**洛中**、近郊を**洛外**と一般的にいうが、明確なものではない。秀吉が**お土居**《どい》を築き、内を**洛中**、外を**洛外**としたことがいちおうの概念とされている。京都全体を俯瞰した都市図である「**洛中洛外図屏風**」が近世の町と里の様子を見事に伝える。

京の七口《きょうのななくち》

京都と諸国を往還する街道の出入り口が、七つあるということだが、その数や場所は時代によって一定ではない。ただ、秀吉の**お土居**築造によって、ほぼ固定化される。いまもよく知られる地名としてのこる**粟田**《あわた》**口**、**荒神**《こうじん》**口**、**鞍馬**《くらま》**口**のほか、**東寺口**、**丹波口**、**清蔵**《きよくら》**口**、**大原口**などがあった。

鞍馬街道

京の街道《きょうのかいどう》

粟田《あわた》口は東海・東山・北陸の各街道が集まる三条**大橋**以東。**荒神《こうじん》口**は比叡山の東麓の坂本にいたる**山中越《やまなかごえ》**の出入り口。**鞍馬《くらま》口**は鞍馬寺への**鞍馬街道**。**東寺口**は**西国街道**、**丹波口**は**丹波街道**、**清蔵《きよくら》口**も丹波と市中を結ぶ。**大原口**は**若狭街道**への口であった。

京・白河《きょう・しらかわ》

白河天皇は応徳三（一〇八六）年に堀河天皇に譲位して、**白河殿**（いまの岡崎公園付近）において院政をはじめる。そのため、貴族たちもつぎつぎと白河周辺に集まり、殷賑《いんしん》をきわめた。その繁華ぶりを**京・白河**と称した。

六波羅《ろくはら》

口から六体の仏を吐く空也《くうや》上人像で知られる**六波羅蜜寺**《ろくはらみつじ》の界隈は、平清盛が権勢を誇った場所であり、鎌倉期には、**六波羅探題**が置かれた。いまも禍《まが》事《こと》の雰囲気がただよう。

太秦《うずまさ》

弥勒菩薩半跏思惟像で有名な**広隆寺**や映画村のある**太秦**は、渡来人秦《はた》氏の本拠地で、その歴史は**平安京**をはるかにさかのぼる古代の地である。

西陣《にしじん》

応仁・文明の乱で西軍の山名宗全が本陣をこの地に構えたことに由来する地名。乱ののち、避難していた織手たちが戻り、機業の集団である大舎人方《おおとねりがた》を復活させ綾錦織物をさかんに生産した。

京の七野《きょうのしちの》

町家《まちや》が軒を連ねる市中が京都、と思われる向きもあろうが、京都には意外に野のつく地名が多い。北方に位置する、**内野**《うちの》、**北野**《きたの》、**平野**《ひらの》、**上野**《うえの》、**紫野**《むらさきの》、**蓮台野**《れんだいの》、**〆野**《しめの》（神明野）を七野と称する。

北野《きたの》

七野《しちの》のうち、**内野**《うちの》は**平安京**の**大内裏**《だいだいり》の跡地、**平野**《ひらの》は**平野神社**を中心とした地域。そして**北野**は**北野天満宮**一帯のことで、かつては貴族たちの遊猟地であり、なおかつこの地を流れる川の水が大内裏の用水となるほど清らかな野であった。

紫野《むらさきの》

今宮神社や多くの**塔頭**《たっちゅう》をかかえる**大徳寺**の一帯のこと。京人はいま**紫野**といえば大徳寺のことと思う。大徳寺も創建当時は紫野寺といった。この地は天皇らの遊猟地で禁野《きんや》であり、貴人たちは若菜摘みを楽しんだ。また、**船岡山**の西の**蓮台野**《れんだいの》はかつて**化野**《あだしの》（嵯峨）や**鳥辺野**《とりべの》（東山山麓）とならぶ葬送の地であった。

宇多野《うたの》

東は**御室**《おむろ》、西は**鳴滝**《なるたき》に挟まれた地であるが、かつてはもっと広域な地名であった。桓武天皇が勅使をつかわして、新京となる好適地を探した結果、宇多野の地を認めたことによると、いまの上京区の東北部がこの地名であったと考えられる。

山科の里、栗栖野（くるすの）の夕景

嵯峨野の広沢池

大原野《おおはらの》

西山のひとつ**小塩山**《おじおやま》山麓に広がる。市中から離れているため、まだ四季それぞれの自然が色濃い。桜、紅葉の人出も比較的少ない。**花の寺**といわれる**勝持寺**《しょうじじ》や**大原野神社**、**善峰寺**《よしみねでら》などがあり、静けさを求める人にいい。

嵯峨野《さがの》

野は、嵯峨野、さらなり。と『枕草子』にいわれた**嵯峨野**は、全国に知られた京都を代表する景勝の地であるが、京人にとっても嵯峨野は特別に趣のある地域として、一木一草にさえ気品があるように感じている。古くは川の水が流れ込む湿地であったが、秦《はた》氏が堰《せき》をもうけ、肥沃な田畑にした。そのため、この地を流れる**桂川**をとくに**大堰川**《おおい》と称する。

天皇・貴人また文人墨客たちが別荘を建て、『源氏物語』『枕草子』『平家物語』などにも記されてきた風趣な地である。**嵯峨八景**がいわれ、**嵯峨野**の春草、**亀山**（天竜寺の裏山）の緑樹、**広沢池**の秋月、**小倉山**の紅楓、**野宮**の松風、**愛宕山**の積雪、**桂川**の水鳥、**清凉寺**の晩鐘を数える。これらはいまもその景色を十分に楽しむことができる。

乙訓の里
おとくにのさと

『古事記』には「堕国」とか「弟国」と見られる古い地名。**長岡京**が開かれた地である。聖徳太子を開祖とし、一時、空海を別当とした**乙訓寺**が知られる。

大原の里
おおはらのさと

市中から足をのばす人の多く訪れるところである。**高野川**に沿って**若狭街道**を北行した四方を山に囲まれたひなびた里。**三千院**や**寂光院**《じゃっこういん》が有名。古歌に歌われることもしばしばで、式子《しきし》内親王は『新古今和歌集』に詠む。

日数ふる雪げにまさる炭竈の
煙もさびし大原の里

稲の刈り入れがはじまった大原の里

山科の里
やましなのさと

古くは、天智天皇が大津京を営んだことにより、大津と大和を結ぶ交通の要衝となった。**逢坂山**を西に越え、**東山**までの盆地がこの**山科の里**で、山科本願寺や討ち入り前の大石内蔵助が隠棲していたことでも知られる。**安祥寺**、**毘沙門堂**、**勧修寺**《かじゅうじ》などがみどころ。

水尾の里
みずおのさと

柚子《ゆず》の里として知られ、村に入ると芳しい香りがただよってくる。**保津**《ほづ》**峡**から山道を北に行った亀岡市との境の里。水尾帝と呼ばれた清和天皇陵がひっそりとある。

柚子育ち蜩《ひぐらし》どきの水迅《はや》し

金子篤子

深草の里
ふかくさのさと

夕されば野辺の秋風身にしみて
鶉《うづら》鳴くなり深草の里

『千載和歌集』にある藤原俊成の歌。**稲荷山**の南、竹林と月と鶉で知られる草深い閑寂な地であった。弥生時代中期の集落遺跡が発掘されるなど、京都盆地のなかではもっとも古くから開けた地である。お稲荷さんの総本社である**伏見稲荷大社**、**藤森**《ふじのもり》**神社**、**石峰寺**《せきほうじ》など、京都市街とはまた趣の異なる社寺がある。

初夏の竹林　乙訓の里

御室《おむろ》

大内山を背景にした真言宗御室派の総本山**仁和寺**《にんなじ》がある。光孝《こうこう》天皇と次帝の宇多《うだ》天皇により完成した仁和寺は、宇多帝が出家して寺内に僧房（御室）を建てたことにより**御室御所**と呼ばれて、**門跡**《もんぜき》**寺院**としては最高位の寺となった。そのため仁和寺の寺領一円を**御室**と称するようになる。仁和寺境内の**御多福**《おたふく》**桜**とも呼ばれる遅咲きの**御室桜**が有名である。

醍醐《だいご》

洛西の花どころが**御室**《おむろ》なら、洛南は**醍醐**だろう。醍醐の語源は、仏教用語で、牛乳からつくるチーズをさして、最高の味をいう。**醍醐寺**は、醍醐山頂（旧・笠取山）から西麓にかけて広大な寺域を有する。開山した聖宝《しょうぼう》に醍醐天皇が帰依したことに由来する。

御室仁和寺の桜

宇治《うじ》

都の東南にあり、琵琶湖からの流れがつくる景勝の地である。『源氏物語』の宇治十帖の舞台であり、平安貴人たちの別業が営まれた**宇治**は、**嵯峨**と並ぶ風光明媚な地であった。藤原文化の白眉である**平等院**をはじめ、神社建築としては日本最古の遺構である**宇治上**《うじかみ》**神社**、**興聖寺**《こうしょうじ》、**三室戸寺**《みむろとじ》、**県**《あがた》**神社**など古い社寺が多い。川霧がたちこめ、茶の栽培に適して、中世より名産地となる。

朝ぼらけ宇治の川霧絶え絶えに
あらはれわたる瀬々の網代木《あじろぎ》
『千載集』藤原定頼

三尾　さんび

清滝《きよたき》川の中流に位置する三つの山を総称して**三尾**と呼ぶ。北から**栂尾《とがのお》**、**槙尾《まきのお》**、**高雄《たかお》**（尾）、とつづき、青葉のころや紅葉の時期が美しく多くの観光客を集める。

栂尾　とがのお

鎌倉初期の建築である**石水院《せきすいいん》**やお茶の発祥である**栂尾茶園**で知られる**高山寺《こうざんじ》**がある。山号は栂尾山。

ひぐらしやここにいませし茶の聖　水原秋桜子

槙尾　まきのお

空海の弟子にあたる智泉上人が、神護寺の別院として建立した槙尾山**西《さい》明寺《みょうじ》**がある。

槙尾西明寺の紅葉

栂尾の冬

高雄　たかお

三尾《さんび》それぞれに紅葉の名所であるが、とくに高雄町のほぼ全域をしめる古刹《こさつ》、**神護寺《じんごじ》**の紅葉がすばらしい。この地域に多いイロハモミジを**高雄カエデ**と称するほどである。神護寺は、空海や最澄も住持した高尾山寺にはじまる。文覚上人が中興の祖となった。また素焼の皿を渓谷に投げる**土器《かわらけ》投げ**でも有名である。

尼もするかはらけ投げや紅葉寺　鈴鹿野風呂

鴨川《かもがわ》

すゞしさや都を竪《たつ》にながれ川

と蕪村の句にあるように、**鴨川**は京都の街なかを南北に流れて、京に暮らす人びとにもっとも親しまれている川である。**平安京**造営のおり、**堀川**の流れを東に変えて**高野川**と合流させた。高野川との合流点より上流を**賀茂川**、下流を**鴨川**とする。古くはしばしば洪水をひきおこしたが、いまは水流もおだやかで、ところどころにもうけられた堰《せき》による小滝が白い飛沫を見せていっそう美しい景色になっている。

高瀬川《たかせがわ》

御朱印船貿易で巨万の富を得た角倉《すみのくら》了以《りょうい》が慶長十六（一六一一）年に開削した運河で、**二条大橋**西詰めから、**鴨川**の水を引き、並行するように南流し、繁華な**木屋町**《きやまち》を流れて**東九条**で再び鴨川と合流する。

白川《しらかわ》

かにかくに祇園はこひし寐るときも
枕の下を水のながるる

祇園の情趣を歌い、こよなく京洛の地を愛した歌人、吉井勇の歌。この水の流れが**白川**で、華やぐ街の灯りや桜や柳の色を映して**鴨川**に注ぐ。源は比叡山山中にあり、白川村を通って、花崗岩質の砂により白く清らかな流れから白川と称される。

宇治川《うじがわ》

宇治橋から見ても、伏見の**観月橋**《かんげつきょう》から見ても**宇治川**の水量は多く、流れも速い河川である。琵琶湖が源で、**桂川**、**木**《き》**津**《づ》**川**と合流して**淀川**となる。柴舟、水車、柳、網代が宇治川を描く風物となっている。

白川に架かる石の橋　行者橋

宇治川

花見どきの渡月橋

桂川　かつらがわ

都会的な化粧をした**鴨川**にくらべ、**桂川**はまだ自然味ののこる川である。丹波山地から亀岡、京都西部を流れ、淀川に合流する全長約百十四キロの大河といっていい。ふつう桂川は嵐山より下流の名称で、**渡月橋**《とげつきょう》付近では**大**《おお》**堰**《い》**川**、それより上流を**保**《ほ》**津**《づ》**川**と呼ぶ。

堀川　ほりかわ

堀川こそ**賀茂川**の本流である。**平安京**を造営するさいに上賀茂付近で川筋を東南に変え、いまの賀茂川の流れになった。そして細い流れになった堀川は、**大内裏**《だいだいり》の建築用材の運搬のための用水路となった。鉄分を含まない良質の水であったため、近世になると染色業者が、川畔に多く軒を連ねた。

高瀬舟　たかせぶね

舟底の平らな物資運搬用の小型舟で、**高瀬川**を上下した。川名はこの舟の名からついた。下りはゆるやかな流れにまかせていくが、上りは人足たちが川堤から舟を綱で引く。大正九年まで運航していた。安楽死と貧困をテーマにした森鷗外の好短編『高瀬舟』は夜下るこの舟が舞台。

三十石船　さんじっこくぶね

かつて京・大坂間の大動脈といえば、**宇治川**・**淀川**を往復する水運であった。過書船《かしょせん》という荷客船がいききし、そのうち客船を**三十石船**と称した。**伏見**と**大坂八軒家**を結ぶ。夜、伏見から乗れば、朝、大坂に着く。宿代をうかすことができるためおおいに繁盛した。落語の「三十石」にその様子が詳しく描写されている。

昼舟に乗るや伏見の桃の花　　桃隣

大橋・小橋《おおはし・こばし》

鴨川と**高瀬川**はほぼ並行して流れているため、西へいくにも東へいくにも、すぐふたつの橋を渡ることになる。**鴨川**にかかる橋を**大橋**、**高瀬川**にかかる橋を**小橋**という。

琵琶湖疏水《びわこそすい》

山の向こうにある豊かな水源を利用したいとむかしから都人は思っていた。**高瀬川**を開削した豪商・角倉了以《すみのくらりょうい》も疏水《そすい》計画を立案していたという。第三代の京都府知事北垣国道のときに実行された。京都近代化のための大事業で、これによって水道用水が確保され、水力発電による電力の増強が可能となり、路面電車の運行が実現された。**南禅寺**の境内にはレンガ造りの**水路閣**があり、人目を引く。また**若王子橋**《にゃくおうじ》から**銀閣寺橋**までの疏水沿いの道は**哲学の道**として知られる。

インクライン《いんくらいん》

大津の三保ケ崎から流れてきた疏水《そすい》は、**蹴上**《けあげ》から**岡崎公園**にかけての急勾配を下ることになり、船運には不都合であることから、別の斜面にレールを敷き、船を台車に乗せて上下させた。これを**インクライン**と呼んだ。現在はその遺構がのこり、往時をしのばせる。

広沢池《ひろさわのいけ》

広沢の池の堤の柳影
　みどりも深く春雨ぞ降る
　　　　藤原為家

池の背後の**遍照寺山**《へんじょうじさん》にかつて大伽藍を誇った遍照寺の開基寛朝僧正が開削したとも、さらに古く秦《はた》氏が灌漑用につくったともいわれる。池の周囲は約一キロ。平安時代から貴族たちの別業地として、また観月の名所として知られている。今日においても**嵯峨野**の風景に欠くことのできない風趣な池である。

大沢池《おおさわのいけ》

嵯峨天皇が離宮の苑池として、中国の洞庭湖《どうていこ》を模してつくらせた人工の池。そのため、**庭湖**ともいう。池をめぐる桜が美しく、秋には観月の夕べがいまも催される。**大覚寺**の境内に接している。

大沢池めぐりて桜しづかなり
　　　　桂信子

巨椋池《おぐらいけ》

現在の宇治市から京都市伏見区、さらに久御山町に広がっていた巨大な池で、池面には蓮が広がっていた。昭和八年からはじまった干拓事業により、田園風景に一変した。谷崎潤一郎の『蘆刈』にかつての**巨椋池**周辺の情景が描かれている。

蹴上のインクライン

広沢池の灯籠流し

祇園《ぎおん》

四条大橋に東を向いて立つと、正面に**東山**の緑と**八坂神社**の朱色の門が見えて鮮やかである。橋を渡り、**四条通**の南北一帯が、花街・**祇園**である。鎌倉時代より旧祇園社の門前町として栄え、参詣客相手の茶屋が立ち並んだ。**祇園新橋通**に整然とのこる茶屋建築を眺めるのもいいし、**白川**沿いを歩くのも風情がある。もちろん一**力**《いちりき》の角を南に**建仁寺**《けんにんじ》までの**花見小路**やあたりの小路に迷い込むのも艶っぽい。舞妓の茶屋に急ぐ姿を見るのも京の色である。

宮川町《みやがわちょう》

鴨川の東、**四条通**と**五条通**のあいだの花街で、宝暦元（一七五一）年に遊里として認可された歴史をもつ。当時は男色を売る蔭間《かげま》茶屋が多かったという。四月中旬に京おどりを開催する**宮川町歌舞練場**がこの花街の中心。

木屋町《きやまち》

角倉了以《すみのくらりょうい》が開削した**高瀬川**の水運を利用する材木商がこの界隈に多かったことから**木屋町**の名がついた。幕末においては、勤王の志士たちが潜伏した地で、佐久間象山や大村益次郎が刺客に襲われ、その事跡を示す石標がある。現在は飲食店が立ち並ぶ夜の街。

島原《しまばら》

江戸の吉原とともに幕府公認の遊廓であった。はじめは御所近くの柳町に、そして六条三筋町に移り、寛永十七（一六四〇）年、当時は田圃だったいまのJR嵯峨野線丹波口駅近くに移された。大門脇に当初の柳町にちなんで植えられた**出口の柳**と呼ばれた柳の木がいまものこる。また、**揚屋**《あげや》の**角屋**《すみや》、**置屋**《おきや》の**輪違屋**《わちがいや》の建物が現存し、往時の華やかさを伝える。

島原の外面《とのも》染むるや藍ばたけ　嵐雪

先斗町《ぽんとちょう》

いくらなんでも、「先」を「ぽん」とは読めないわけで、ポルトガル語のポント、もしくは英語のポイント、先を意味することからの名という説が流布している。**鴨川**と**木屋町**《きやまち》**通**のあいだの細い道にかつては茶屋、置屋《おきや》が並ぶ風情のある小路であった。いまは古い家並みとビルが渾然となる。『広辞苑』を編纂した新村出《しんむらいずる》の歌。

先斗町袖すりあふも春の夜の
　他生の縁となつかしみつつ

上七軒《かみしちけん》

北野天満宮を修造するさい、あまった建材で七軒の水茶屋を建てたことをはじまりとする、京都でもっとも古い色街で、通りの両側はまだむかしの面影がのこる。かつては**西陣**の機屋の旦那衆が主な顧客であった。

祇園町の午後

哲学の道

てつがくのみち

若王子《にゃくおうじ》神社から**銀閣寺**にいたる疏《そ》水《すい》に沿った小径。哲学者西田幾多郎らが思索しながら散策したことによる名。その姿を見た地元の人か、また三高生の誰かが命名したという。**東山**に沿うて市中より少し高い位置にあって静かなたたずまいで、桜並木が美しい。

維新の道

いしんのみち

東山区の**霊山《りょうぜん》護国神社**は勤王の志士を祀る官祭の招魂社で、あわせて京都出身の戦没者（幕末から第二次世界大戦）も合祀されている。境内の裏山には坂本竜馬、木戸孝允、中岡慎太郎、頼三樹三郎ら五百五十人の墓碑があり、その墓への道を通称、**維新の道**と呼んでいる。

哲学の道

鉾の辻

ほこのつじ

四条通と**室町通**の交差点を**鉾の辻**という。中世以降、室町通は大店《おおだな》が軒を並べ、**祇園祭**に参加する山鉾の多い町筋であった。七月、この辻に立てば、東に函谷《かんこ》鉾、長刀《なぎなた》鉾、西に月《つき》鉾、郭巨《かっきょ》山、北に菊水《きくすい》鉾、さらに南には鶏《にわとり》鉾がぐるりと見渡せる。

六道の辻

ろくどうのつじ

六道珍皇寺《ちんこうじ》付近は、京都の葬送地のひとつ、**鳥辺野《とりべの》**の端に位置するところから、現世と霊界の境とされ、小野《おのの》篁《たかむら》がこの地の井戸から冥府を往来した伝説がのこる。謡曲「熊野《ゆや》」の一節。

　愛宕《おたぎ》の寺（珍皇寺のこと）もうち過ぎぬ、六道の辻とかや、げに恐ろしやこの道は、冥途に通ふなるものを。

公儀橋《こうぎばし》

北から**三条大橋**、**四条大橋**、**五条大橋**は**鴨川**に架かる三大大橋として交通量も多く、京都人にはなじみの深い橋であるが、そのうち、三条大橋と五条大橋は欄干に擬宝珠《ぎぼし》をいただく**公儀橋**とされている。

三条大橋《さんじょうおおはし》

東海道五十三次の西の起点であり、西詰めに里程元標の石標があり、『東海道中膝栗毛』の弥次喜多の小像が立つ。橋はすでに室町時代にあったが、豊臣秀吉により本格的な大橋に改修された。今日の橋は、昭和二十五年造だが、鉄筋コンクリートの基礎を見せず、木造橋の風趣をうまくとりいれている。

三条大橋の擬宝珠

四条大橋《しじょうおおはし》

古くは永治二（一一四二）年に祇園会の勧進募金によってはじめて架けられたとされ、祇園社の参詣客の道筋になり、祇園橋とも呼ばれた。その後いくたびもの洪水により流失し、仮橋、浮橋の時代が長く、安政三（一八五六）年に再び、祇園社氏子たちの奉仕で石柱の板橋が架けられ、さらには明治七（一八七四）年、祇園花街が借金と京都府の補助により、鉄橋に造りかえた。町人たちの力による歴史をもつ橋。

五条大橋《ごじょうおおはし》

平安京の**五条大路**はいまの**松原通**にあたり、**五条橋**もいまの**松原橋**になる。松原橋は**清水寺**の参詣路であった。豊臣秀吉により**六条坊門通**が**五条通**と改められ、橋も新たに架けられた。となると、弁慶と牛若丸の出会いの伝説も**松原橋**のたもとということになる。

三辺の山《さんぺんのやま》

京都は南辺だけが開けている。**東山**、**北山**、**西山**と三辺は山系が縁どる。**鴨川**の橋から見る重畳たる北山の奥行き、強い西日の影絵となる西山、そして日々の暮らしに近い東山の峰々。京人は山を見、山を意識して四季を送る。

葉柳に山濃く近し京の町　高橋淡路女

比叡山《ひえいざん》

川は**鴨川**なら山は**叡山**、と京都人にとってもっとも気になる山である。最澄が王城鎮護を祈念して、**延暦寺**を創建した信仰の山であることはもとより、今日は比叡が見えているか、隠れているかと、つい東北に目をやり空模様としても気になるのである。

愛宕山《あたごやま》

比叡山と対照するように、京都の北西にそびえる。比叡山よりわずかに高く約九二四メートルの山。古来、山岳信仰の修道者の行場であったが、今日では火除けの神様の山として知られる。七月三十一日の夜から八月一日の未明に**愛宕神社**に登れば、千日のご利益があるとされる**千日詣《もうで》**も有名。

東山三十六峰《ひがしやまさんじゅうろっぽう》

北の**比叡山**から南端の**稲荷山**まで、山頂はしだいに低くなりながら三十六の山が連なる。京都人はこれら**東山**の山懐《やまふところ》に抱かれる地に居住することにむかしから憧れていた。平安から中世にかけては貴人たちの別業があり、近世、近代では、財をなした町人が別荘を建てた。東山を見上げ、四季それぞれの景色をうなずくように愛《め》でたのである。

比叡山の朝

京に田舎あり《きょうにいなかあり》

平安京の造営以来、千二百年あまり、貴賤群衆で殷賑《いんしん》をきわめる京の都にも、少し足をのばせば、まだいい田園風景をのこす里がある、ということが転じて、評判のいいところもどこか欠点はあるものという俚言。

都の都たるところ《みやこのみやこたるところ》

朱雀《すざく》大路を中心に**右京**、**左京**に分けられたが、湿潤な右京の地は人も住まず荒廃して、都は東へと発達した。そして**鴨川**を越え、**東山**の麓に名刹《めいさつ》が建立され、人びとの多く蝟集するところとなった。一茶の句に、

春雨や祇園清水東福寺

とあるが、まさにこれらの地が**都の都たるところ**なのである。

雪見障子を上げて坪庭を眺める

町家と暮らしの章

町家《まちや》

東西南北のいずれかの通りに面して、俗に**うなぎの寝床**といわれるように、間口が狭く奥行きの深い京都独特の住宅をいう。隣家とは軒を接して、家の片側は玄関から**走り庭**とも**通り庭**ともいう土間が奥につづき、その一角に台所をしつらえている。昨今、**町家**が飲食店やギャラリーとなって、その内部を見る機会も増えている。

店の間《みせのま》・家の間《いえのま》

京の**町家**《まちや》のなかでも商店を営んでいるところは、表通りに面してまず商い用の**店の間**があり、**店庭**という入り口の土間から客と応対する。店庭からさらに奥に入ると**走り庭**と称する土間があり、居住する家族が暮らす台所や奥という**家の間**がつづく。

明治初期に建てられた町家

走り庭《はしりにわ》

通りから家の奥までまっすぐにつづく土間のこと。二階建の家ならば、天井は吹き抜けで明かり取りの窓から淡い光が射し込む。土間の側面には、**お竈**《くど》**さん**と呼ぶかまどがすえられ、台所仕事がおこなわれる。比較的大きな家ならば、**走り庭**の先は庭になり、土蔵などが建つ。

内玄関《うちげんかん》

標準的な**町家**は、小商売を営んだり、職人の家だったりするため、通りに面して、まず店用の玄関がある。それとは別に、家の者が出入りするところを**内玄関**という。

坪庭《つぼにわ》

家の建物のあいだにつくられた小さな庭のこと。もとは平安時代の寝殿造りからきている。坪は壺という字があてられるというが、まさに壺中の天という小世界の趣が**坪庭**であろう。**店の間**があり、母屋との境に光の射し込む心なごむ空間をもうけて、意匠を凝らした庭をしつらえるのである。

吹き抜けの走り庭

犬矢来

犬矢来《いぬやらい》

矢来とは、竹や木を縦横に粗く組んだ仮の囲いの意で、野外の戦いで、仮の陣地としたりした。京の町家《まちや》に見られる**犬矢来**は、本来は犬除けのものだろうが、町家の表《おもて》を美しく装うため、細い竹を柔らかく曲げて家の下部を飾る。また犬矢来の代わりに**駒寄**《こまよせ》といって、木で高く囲ったものもある。

虫籠窓を背にする鍾馗像

虫籠窓《むしこまど》

一階の屋根瓦がわずかに迫り出し、その上部に白い壁をたてに短冊形に切りそろえた虫かごのような窓のこと。**店の間**の表二階にあたり、商家では使用人たちの部屋にあてていた。**虫籠窓**の外側には、疫鬼を追い払うという**鍾**《しょう》**馗**《き》の像が置かれていることもある。

京格子《きょうごうし》

なげいてみても仕方がないが、ふたむかしほど前の京都の家並みは驚くほど美しかったのである。それぞれの家が、むやみに自己主張をすることなく、**京格子**と**犬矢来**《いぬやらい》と**虫籠窓**《むしこまど》を通りに向けて整然と統一した外観をそろえていた。京格子はとくに竪子《たてご》を細かくした**千本格子**が多く、外から内をうかがうことができないが、暗い部屋の内からは、外の光と人通りを細目《ささめ》のあいだからしっかりと見ることができるのだ。

紅殻格子
べんがらごうし

弁柄とも書くが、赤色系の顔料としては、朱とともに古くから使われてきたもので、京都の**町家**では建物の壁や格子にこのベンガラを塗っていた。たとえば**祇園**の**一力**《いちりき》の壁や格子を見るといい。また、注意して町を歩くと古い町家の**京格子**には赤茶色の色がのこっている。

卯建
うだつ

なかなか出世しないという意味で、うだつが上がらないというが、その**卯建**は、**町家**の屋根に一段高く、小屋根をつけた突出物のことで、富の象徴を示すとともに防火の役割も果たしたという。

卯建の上がる家

ばったり床几
ばったりしょうぎ

ほとんどの古い**町家**では、表通りに面しては**揚**《あ》**げ見世**《みせ》と呼ばれる上半分が**蔀戸**《しとみど》、下半分が折り畳み式の**床几**になっている造りが用いられて、昼は蔀戸をあげ、床几をおろし、そこに商品を並べて商いや顧客との応接をするのである。ばたんとおろしたり、しまったりするので、この名がある。

ばったり床几　西陣

お竈さん　おくどさん

かまど、へっついのことを**お竈さん**と呼ぶ。**走り庭**の土間に煮炊きするかまどをすえ、台所仕事をおこなった。冬の寒い日は足元から冷えてつらい仕事だが、あまりに寒い日は井戸水が温かく感じたという。

火袋　ひぶくろ

石灯籠の火をともすところが火袋であるが、京都の**町家**《まちや》では、**走り庭**、すなわち**お竈**《くど》**さん**の天井のことを**火袋**といって、大店《おおだな》では、二階までの吹き抜けになっており、豪壮な梁組《はりぐみ》が見られる。

火袋

お竈さん

荒神棚　こうじんだな

荒神とは、三宝（仏・法・僧）を守護する神のことで、俗にかまどの神様としている。台所の上に棚をつくり、土人形の布袋《ほてい》尊を安置して祀る。また、荒神箒《ほうき》といって、ほかを掃く箒と区別して、台所専用にしている。

箱段　はこだん

箱階段ともいう。階段の踏み板の下を引き出しにして収納部分に利用したもの。京都の**町家**の構造から生まれた知恵といっていい。

輪違屋の紅葉壁

九条壁《くじょうかべ》

昭和のはじめごろまで、九条付近で採掘されていた九条土を塗り込んだ壁で、青味がかった黒色を示す。部屋に射し込む陽の光によって、微妙に色調が変化する。

紅葉壁《もみじかべ》

島原にのこる**輪違屋**《わちがいや》は、元禄年間の創業という古い歴史を誇る**置屋**《おきや》で、意匠を凝らした部屋で知られる。とくに、壁に紅葉をあしらった**紅葉の間**と道中傘の文様を大胆に用いた**傘の間**などが有名。

九条壁

磨き丸太
みがきまるた

北山丸太ともいい、**北山杉**の皮をはぎ、まず自然乾燥させ、洗い池で水に浸したのち、磨き砂でていねいに磨いた丸太。とくに床柱に用いられる。北山杉の歴史は古く、茶の湯がさかんとなり、茶室建築が発達する室町時代から需要が高まったものである。

建替え
たてかえ

建具を入れ替えることをいう。冬向きであった襖や障子をはずして、代わりに簾《すだれ》をかけたり、葦簀《よしず》障子をはめたりする。また、生絹《すずし》という練《ね》っていない透明な絹で織った布をかけたりする。いずれにしても、京の夏の暑さをいくらかでも涼しくして暮らそうとする、人びとの工夫である。七月ごろに夏向きの建て替えをおこない、九月の終わりに再び冬向きに建て替える。

磨き丸太

夏座敷
なつざしき

夏を迎えるために建て替えた座敷のしつらえを夏座敷と呼ぶ。代表的なものは、葦《あし》や細い竹で編んだ簾《すだれ》や、襖の代わりに建て込んだ素木の簾戸《すど》であろう。また、敷物も籐《とう》を編んだり、網代《あじろ》に組んだものに代える。麻や葛《くず》布でつくった暖簾《のれん》をかけ、わずかな風にも揺れる様子で涼を感じるようにする。

油団
ゆとん

夏座敷のなかで変わったものが**油団**(屯)であろう。これは和紙に**柿渋**《かきしぶ》を接着剤として塗り、何枚も貼り合わせ、それを一枚につないで敷物として用いる。なめし革のような光沢を見せ、ひんやりとした肌ざわりが心地よいもの。

屏風まつり
びょうぶまつり

宗達の屏風ありやと鉾町を
めぐりてあるく京の宵山　吉井勇

祇園祭の**宵山**は、別に**屏風まつり**の名がある。夏座敷に**建替え**が終わり、祇園祭がはじまると、**山鉾町**の古い**町**《まち》**家**《や》では、梅雨時の「虫干し」をかねて、家に伝わる**時代屏風**などを通りに面した部屋に飾り、祭に集まった客に見せるのである。屏風に限らず、浮世絵や織物、古い由緒ある衣裳など、美術工芸品を見せて、町衆の見栄と心意気を誇るのである。

悉皆屋　しっかいや

悉皆とは、万物・万事にわたること、全部という語意である。江戸時代、大坂できものや布の染色、染模様、洗い張りを請け負い、京都の業者へ送り、依頼先の注文通り調整することを生業《なりわい》としたものを**悉皆屋**と称した。その後、大坂に限らず染物の請負業をいうが、今日において京都では、きものづくりの全工程を管理する総指揮官の役割をになう。

糸偏　いとへん

京都においてきもの、帯といった繊維に関する仕事に携わっている業者または職人たちを、俗に**糸偏**という。

友禅染　ゆうぜんぞめ

いまのきものの主流となっている**友禅染**は、十七世紀後半に、扇絵師だった宮崎友禅斎によって考案されたといわれる。絹の布地の上に、筒に入れた米糊を絞り出しながら絵柄の輪郭線を囲み、絵の部分には、顔料や染料を絵具につくりなおした色材で色を挿《さ》していく。日本画の技法と染色が合わさったような染物で、表現は多彩、華麗で、友禅染の出現は日本の染織史の画期的な出来事である。

西陣織　にしじんおり

平安時代には朝廷の染織をになう織《おり》部司《べのつかさ》、民間では大舎人《おおとねり》という技術集団があった。その後工人たちは、応仁・文明の乱のおり、地方へ分散した。乱後西軍の山名宗全が陣を張った地に興った織物を、**西陣織**という。綾、錦、綴《つづれ》など日本を代表する多彩な織物。

京紫　きょうむらさき

古代からもっとも尊ばれた紫色の本格であるという意味で**京紫**とした。また、江戸時代になると、東北の南部紫や江戸でも紫が染められるようになり、産地を明確にするため、京を冠したという説も正しいだろう。**江戸紫**は青味、**京紫**は赤味の紫という説が一般的だが、その逆をいう人もいる。

憲法染　けんぽうぞめ

京都の兵法流派に吉岡流という一派があり、足利将軍家の兵法指南をつとめていた。吉川英治の小説では宮本武蔵と立ち合ったのがこの吉岡一派としているが、もとより史実ではない。関ケ原の戦いで豊臣方につき、敗れたために剣を捨て、一派の吉岡憲法は四条西洞院《にしのとういん》で染色業を専らとするようになった。その憲法が得意とした**黒染**と**茶染**を**憲法染**という。

西陣織

西陣の町

芸妓と舞妓

げいことまいこ

もともとは舞をつとめる**舞妓**に、音曲をつとめる**芸妓**としていたが、今日では芸妓も舞う。むかしは遊廓におもむいた客は、遊女を指名し、かつ酒席に芸妓（芸子・芸者）を呼び遊んだ。現代の京都の花街では、両妓とも**置屋**《おきや》にかかえられて、**お茶屋**に出向く。祇園町の芸妓は、舞妓を数年経てからなる。舞妓から芸妓になることを**襟替え**（さん）と呼ぶ。それは舞妓の赤い半襟から芸妓の白い襟になることからの名である。

一見さん

いちげんさん

京都の高級料亭や宿屋、**お茶屋**では、この「一見さんおことわり」とするところがまだある。**一見**（一元）**さん**、すなわち顔を見ない初めての客である。誰でも最初は初回の客だから、正確にいえば紹介者をともなわない客ということになる。

藤花のつまみ簪の舞妓

揚屋と置屋

あげやとおきや

むかしでいえば太夫《たゆう》や芸妓など、いまでは**舞妓**・**芸妓**を呼んで遊宴をおこない、客をもてなす家を**揚屋**といい、芸妓や舞妓をかかえて揚屋へ赴かせる家を**置屋**といった。かつての**島原**でいえば、**角屋**《すみや》が揚屋で、**輪違屋**《わちがいや》が置屋である。揚屋とは、当初二階座敷へ揚げて宴を張ったところからの名という。

島原の揚屋　角屋の青貝の間

お茶屋《おちゃや》

京都を訪れる他郷の男性の憧れは、**お茶屋**にあがって**舞妓・芸妓**を呼び、**お茶屋遊び**をすることにある。しかし、**一見さん**おことわりの世界である。どうすればいいかといえば、まず京都の知人に頼むことである。その知人に馴染みのお茶屋がなければ、話はそこで終わる。幸いにして知人のいきつけのお茶屋があれば、同行を願い、紹介してもらう。そして、あとは足繁く通って馴染みになるわけだ。基本的にはお茶屋では食事はしないもので、夕食後の酒をゆったり飲み、舞妓や芸妓の舞を見て、おだやかに話を楽しむものと心得ておけばいいのである。

町衆《まちしゅう》

貴族から武家へ、そして町人へと勢力が移行していったことは、歴史が示すとおりであるが、京都においては、応仁・文明の乱後の都の復興に町人たちの果たした役割は大きい。荒廃しきった都のあちこちに**条坊制**《じょうぼうせい》の規矩による地域的団結が生まれ、町は復興の息吹をただよわせた。そこの住人たちを**町衆**という名に定着させたのは、いまは亡き歴史家、林屋辰三郎である。

ぼん

とくに京・大阪の商家の息子たちを、親しみをこめて、**ぼん**と呼ぶ。料理屋や小売店でも、手工業者でも、当主がいて、なおかつ息子も働いているようなときに、よく使うことば。職人の家ではあまり呼ばない。

7月2日、山鉾町の代表が八坂神社へ（山鉾町社参）

丁稚《でっち》

弟子《でし》からの転音ともいう。商家に年季を定めて勤める子どもを**丁稚**と呼ぶ。江戸では**小僧**といい、十歳から十一、二歳で奉公に出て、ほぼ十年間、無給で働きながら商売の道を学んだのである。そして手代、番頭と出世する。

八瀬童子《やせどうじ》

後醍醐天皇の比叡山潜幸に、洛北八瀬の十三軒が従った功により、古くから天皇の輿《こし》をかつぐ役割をになっている。近代の天皇においても、即位式や大喪の礼には、賢所《かしこどころ》の御《おん》羽車《はぐるま》や葱華《そうか》輦《れん》をかついだ。

大原女

おはらめ

藍染《あいぞめ》のきものに御所染の前結びの帯、手甲脚絆《てっこうきゃはん》をつけ、洛北の**大原**から薪や柴、さらに炭などを頭の上にのせて市中に売りにくる女たちを**大原女**と称した。

秋の日に都をいそぐ賤《しづ》の女《め》の
帰るほどなき大原の里　藤原定家

大原女　時代祭

白川女

しらかわめ

最初は**北白川**の街道で旅人に花を売ったのが、市中に売りにくるようになった。紺木綿の筒袖《つつそで》のきものの裾《すそ》をからげ、藍絣《あいがすり》の前垂れ、白い腰巻姿、手拭いを姉《あね》さんかぶりにして、四季の花を頭上の籠に入れて売り歩いた。また、**北山**の**梅ケ畑**からは**畑**《はた》**の姥**《おば》と呼ばれた売り子がきた。

白川女花行列

桂女　時代祭

桂女

かつらめ

桂の里はかつて宮中の御厨《みくりや》がおかれたところ。桂飴や鮎を、桂の里から市中に売りにきた。短いきものに独特の桂包《かつらつつみ》という白い布で頭を包む出で立ちで知られる。先祖は神功《じんぐう》皇后に仕えて芸能や助産婦の役も果たしていたという伝説がのこる。

知恩院三門の門柱

寺と社の章

弘法さん《こうぼうさん》

弘法さんには二つの意味がある。弘法大師・空海が真言密教の道場とした**東寺**を呼ぶ場合と、その東寺で毎月二十一日（空海の忌日）に奉修される御《み》影供《えく》にあわせて催される**露店市**を称する場合である。

天神さん《てんじんさん》

弘法さんと同じように、**北野天満宮**そのものをいう場合と、菅原道真の誕生日と忌日が二十五日のため、毎月二十五日に縁日となり、それを**天神さんの日**という。ここも多くの露店が出て、参詣と掘り出しもの探しの客で賑わう。正月が**初《はつ》弘法**、**初天神**。十二月が**終《しまい》弘法**、**終天神**となる。

終弘法　東寺

終天神　北野天満宮

お西さん・お東さん《おにしさん・おひがしさん》

お西さんは**西本願寺**、**お東さん**は**東本願寺**のこと。**本願寺**は親鸞の末娘の覚信尼が東山に廟堂を建立したことにはじまるが、顕如の死後に内紛が起き、慶長七（一六〇二）年に徳川家康が教如に寺地を与え、**東本願寺**が創建されて分かれた。

八坂さん

やさかさん

京都の人は寺社にさえ「さん」をつけて親しみをもっている、と思われるが、じつはそれほど単純ではないようで、「さん」とか「はん」と呼ぶのは、裏返せば京の町人の同等意識で、京都出身の近代画家の巨匠たちでさえ、彼らは「何々はん」といかにも親しげに呼ぶ。**八坂さん**は、**八坂神社**のこと。

八坂神社

建仁寺さん

けんねじさん

もちろん正式には「けんにんじ」と読むが、とくに**祇園町**の人たちは「けんねじさん」と呼ぶ。祇園町南側もむかしは**建仁寺**の寺域であった。開祖は、日本臨済宗の祖であり、日本に初めて茶をもたらしたといわれる栄西である。四月二十日には、古式にのっとった**四《よ》つ頭《がしら》茶礼《ちゃれい》**がおこなわれる。

四つ頭茶礼　建仁寺

お稲荷さん

おいなりさん

このことばは京都だけでなく全国共通となっている。全国四万社におよぶという稲荷神社の総本社、**伏見稲荷大社**のこと。**初詣**、**初午祭《はつうまさい》**、**火焚祭《ひたきさい》**には大勢の参詣客が訪れる。

お山めぐり

おやまめぐり

伏見稲荷大社の後背山、**稲荷山**には、俗に**千本鳥居**という鮮やかな朱塗の鳥居が林立し、また小祠や石碑、塚が多く、これらを巡拝することを**お山めぐり**、また**お塚めぐり**という。

曼殊院の筋塀

門跡寺院　もんぜきじいん

宇多《うだ》天皇が出家して仁和寺《にんなじ》に入山して、**御門跡**《ごもんぜき》と呼ばれたのをはじめとし、皇子や皇女が出家して居住した寺を**門跡寺院**という。親王の場合は**宮門跡**、皇女は**尼門跡**、ほか**摂家門跡**などがある。築地塀に筋線が入る**筋塀**が用いられる。

塔頭　たっちゅう

臨済宗の各大本山の境内にある子院を**塔頭**（塔中）と呼ぶ。紫野《むらさきの》の**大徳寺**では、現在二十四寺、花園の**妙心寺**では四十寺以上の塔頭をもつ。

方丈　ほうじょう

禅宗寺院の住職の居室のこと。天竺《てんじく》の維摩居士《ゆいまこじ》の居室が一丈（約三メートル）四方であったことからの名。伽藍においても重要な位置を占める。

火頭窓　かとうまど

火灯窓とも**花頭窓**とも書く。上が狭く下が広がっている禅宗建築の特徴ある窓の形式。

万福寺の火頭窓

清流亭の木賊垣

宿坊《しゅくぼう》

寺院で僧侶が生活する場のことでもあり、参詣した人を泊める建物のことでもある。観光客に**精進料理**を出して宿泊させるところもある。

門徒《もんと》

もともとは、門下、門人、または末寺の僧侶のことをいったが、浄土真宗で、在俗の信者のことを**門徒衆**といい、浄土真宗そのものを略称する場合にもいう。

垣根《かきね》

京都は塀と垣根の町でもある。寺社の名のついた意匠性豊かな垣根の代表は、**銀閣寺垣**、**建仁寺垣**、**光悦垣**、**桂垣**など、いくつも数えることができる。

檜皮葺の拝殿　宇治上神社

檜皮葺《ひわだぶき》

檜《ひのき》の樹皮を薄く裂いて、それを幾層にも重ね合せて屋根を葺《ふ》いたもの。柔らかな曲線が美しい。京都では社寺に多く用いられ、たとえば**宇治上《うじかみ》神社**などに見事なものがのこる。

透かし彫りの蟇股　高山寺

半蔀　仁和寺金堂

蟇股《かえるまた》

寺社建築によく見られるもので、二本の水平な材のあいだにあって、上の荷重を支える役割を果たしている。形が蛙が股を開いているようで、この名がある。平安後期からこれに意匠をほどこすようになり、草花文様や動物文様が彫られ、顔料で彩色されて華麗なしつらえになっていく。

蔀戸《しとみど》

平安時代の寝殿造りに見られる板の両面に格子組を張った戸で、一枚で内側に釣り上げるもの、二枚に分かれていて上半分を外側に釣り上げ、下半分は取り外しがきく**半蔀**《はじとみ》などがある。「源氏物語絵巻」にも見られ、寺の外廊下を歩くと、**釣蔀**が天井となっているのに気づかれよう。

砂盛《すなもり》

神社の拝殿前などに円錐形に盛り上げた白砂があり、頂に御幣をさして清々しいものである。**上賀茂神社**などに見られる。砂を用いた名庭では、段形にした**銀沙灘**《ぎんさだん》と円錐形の**向月台**《こうげつだい》を見せる**銀閣寺**が有名。

上賀茂神社の砂盛

鶯張り《うぐいすばり》

寺の外回廊などを歩いていると、鶯の啼《な》き声に似た妙《たえ》なる音を発することがある。これは、床板の上から釘を打つと見苦しいため、床板の下の根太《ねだ》に目鎹《めかすがい》を固定することによって床板を止めるという工法を用いるため、上から踏む力が加わると、床板と目鎹が擦れ合って、いい具合に音を出すのである。**知恩院**の渡り廊下が有名で、左甚五郎の作といわれている。

若水《わかみず》

元旦に汲む水のこと。この水を沸かして**皇服茶**《おうぶくちゃ》（梅干しや結び昆布を入れたもの）を飲み、雑煮を食べると若返るといわれている。年男が「新年の年の初めのひしゃく取りよろずの水をわれぞ汲む」と三度唱えて汲むのがいいとされる。

京都御苑《きょうとぎょえん》

北は**今出川**、南は**丸太町**、東は**寺町**、西は**烏丸**《からすま》の各通りに囲まれた広大な国民公園（皇居外苑、新宿御苑も同じ）で、格好の散策地になっている。**京都御所**や**仙洞**《せんとう》**御所**、**大宮御所**が中央に位置している。とにかく空が広く、樹々が美しい。

京都御所《きょうとごしょ》

平安京の**大内裏**《だいだいり》（皇居）はたびたびの火災で廃され、**里内裏**《さとだいり》（仮皇居）であった東洞院土御門殿が、南北朝時代（十四世紀中後期）から明治維新までの歴代天皇の居所となった。戦国時代には、司馬遼太郎の『国盗り物語』の冒頭にあるように荒廃していたが、江戸期の再三の修造により、今日の形となった。東西約二百五十、南北約四百五十メートルの境域。春と秋の二回、一般公開がおこなわれる。

京都御所、清涼殿

仙洞御所《せんとうごしょ》

京都御苑のなか、御所の南東に、徳川幕府が後水尾《ごみずのお》天皇の退位にそなえて**仙洞御所**を造営したが、焼失し、いまは回廊式の大庭園がのこる。小田原石を敷き詰めた**洲浜**が見事だ。**仙洞**とは上皇の御所の意である。

蛤御門《はまぐりごもん》

御苑の御門は四辺の通りにそれぞれあるが、烏丸《からすま》通の**蛤御門**が、元治元（一八六四）年七月十九日の**禁門**《きんもん》**の変**（蛤御門の変）によってよく知られるところとなる。長州藩が公武合体派を打倒するために上京し、守護職松平容保《かたもり》を立てる薩摩・会津などの諸藩と戦闘状態に入った。この戦いで京都の半分は焼けた。京都の人はこれを**どんどん焼け**という。御門にはいまも刀傷や銃弾痕がのこっている。

紫宸殿　ししん（い）でん

南面に構え、**檜皮葺**《ひわだぶき》の大屋根と優美な寝殿造りを見せ、**右近の橘**《たちばな》、**左近の桜**をしたがえる。白砂の庭を囲むように回廊がめぐる。朝賀、公事《くじ》、即位の礼などの儀式がおこなわれたところである。

清涼殿　せいりょう（ろう）でん

天皇の日常の居所で、**紫宸殿**《ししんでん》の北西に建つ。近世になっては、紫宸殿の北の**常御殿**《つねごてん》に常の座所がもうけられ、**清涼殿**は、叙位、除目、宮奏などの公事《くじ》をおこなうところとなった。

京都御所、紫宸殿

猿ケ辻　さるがつじ

陰陽道《おんようどう》では東北の方角は鬼門《きもん》とされるため、御所の艮《うしとら》（東北）の角には魔除けの山王権現日吉社の使いである猿が、築地《ついじ》屋根の**蟇股**《かえるまた》に浮彫りにされている。これにちなむ名。いまも御苑を巡回するパトカーがここに停まっていることが多い。

京都御所、猿ケ辻

南都北嶺《なんとほくれい》

平安京に都が遷《うつ》ってより、奈良の諸寺を**南都**、**比叡山**を**北嶺**という。平安京の鬼門《きもん》である東北にそびえる比叡山に王城鎮護の寺として最澄は**延暦寺**を建てた。以来、奈良仏教と延暦寺の対立が深まっていった。京都では**清水寺**が**南都**、**祇園社**が延暦寺の代行となり、対立していた。

京都五山《きょうとごさん》

臨済宗における寺格。時代で変遷したが、今日では、**南禅寺**を首格、**大徳寺**を次格として五山の上に位し、第一に**天竜寺**、第二に**相国寺**、第三に**建仁**《けんにん》**寺**《じ》、第四に**東福寺**、第五に**万寿寺**としている。

京都三大門《きょうとさんだいもん》

知恩院の三門、**南禅寺**の三門、そして**東本願寺**の御影堂《みえいどう》門（大師堂門）を京都三大門という。また**銀閣**、**金閣**とともに**西本願寺**の**飛雲閣**を**洛陽**《らくよう》**三閣**という。

三門と山門《さんもんとさんもん》

寺院の正面の門はふつう**山門**というが、禅宗においては、一つの門でも空《くう》、無相《むそう》、無作《むさ》と私心を捨てた三解脱門《さんげだつもん》の三つの門があるとして、**三門**と書く。

金毛閣《きんもうかく》

大徳寺の**三門**は**金毛閣**という。金毛とは金の毛の獅子のこと。朱塗の雄壮豪奢な楼門である。これを千利休が施主となって改築した。そして、雪駄《せった》ばきの自分の木像を楼上に置いた。これが秀吉の怒りをかい、利休切腹の原因といわれている。利休の足下を秀吉も大名も通らざるを得ないからだ。

大徳寺の三門　金毛閣

東福寺三門

絶景かな《ぜっけいかな》

並木五瓶《なみきごへい》作、安永七（一七七八）に大坂で初演された歌舞伎「金門《きんもん》五山《ごさんの》桐《きり》」の一幕、「楼門《さんもん》五三桐《ごさんのきり》」で、大盗賊石川五右衛門が南禅寺**三門**の楼上で景色に見とれ、**絶景かな**という科白《せりふ》を繰り返す。いまでもしばしば上演される。堅固な木の急階段をのぼると、楼上の回廊に出る。京の街と**東山**の緑が、たしかに絶景である。

清水の舞台《きよみずのぶたい》

崖に迫り出した清水寺の本堂は**舞台造り**（懸崖《けんがい》造り）と呼ばれ、高さは約十三メートル。京都の街の眺望もすばらしい。思い切って事をおこなうたとえで、清水の舞台から飛び降りたつもりで、という。

新緑の糺の森

清凉寺本堂

糺の森《ただすのもり》

賀茂川と**高野川**の合流点の北から、**下鴨神社**の社殿まで、洛中ではめずらしい深い自然林の社叢《しゃそう》がのこされて、歩くことの心地よさを再発見させてくれる。緑陰を求め、雑木紅葉を楽しみ、うっすらと雪の積もった景色もまことに得がたいものがある。

百万遍《ひゃくまんべん》

東大路通と**今出川通**の交差点周辺を**百万遍**と称する。通称百万遍と呼ばれた**知恩寺**からの名。交差点の北東にある知恩寺は、後醍醐天皇の勅命により、市中の疫病封じのため、八世住持の善阿が百万遍念仏をおこなったため、この名がある。

嵯峨の釈迦堂《さがのしゃかどう》

右京区嵯峨の**清凉寺**のこと。東大寺にいた奝然《ちょうねん》上人が、天竺・唐・日本三国の釈迦像を安置したことにより、地元ではこの名称で呼ばれている。

黒谷《くろたに》

岡崎地区の東北部の地名でもあるが、**金戒光明寺**《こんかいこうみょうじ》の別称でもある。平安末期に**比叡山**西塔の**黒谷**で修行した法然が、この地に草庵を結んだため、新黒谷と呼ばれ、それが黒谷となった。

蚕の社《かいこのやしろ》

太秦《うずまさ》にある**木島**《このしま》**坐**《にます》**天照**《あまてる》**御魂**《みたま》**神社**のこと。養蚕や染織技術にすぐれた秦《はた》氏ゆかりの神社。鳥居を三角形に結んで、三方から拝することのできる三鳥居がめずらしい。

三鐘《さんしょう》

梵鐘のすぐれたものをいい、勢いは東大寺、形は平等院、音は園城寺とするが、**神護寺**《じんごじ》の「三絶の鐘銘」と**妙心寺**の鐘と、**平等院**で天下の三鐘とすることもある。

人形寺《にんぎょうでら》

上京区の**門跡**《もんぜき》**寺院**、**宝鏡寺**《ほうきょうじ》の愛称。春と秋に寺宝の人形のほか、御所から借用した人形などを展示する。

竹の寺《たけのてら》

西京区の**地蔵院**は、竹林の参道が見事なために**竹の寺**と美称されている。

人形供養　宝鏡寺

石庭《せきてい》

庭の三方を低い塀で囲み、白砂を敷き詰め、七・五・三の石組を配し、禅の極意を示したという**竜安寺**《りょうあんじ》の庭。

鈴虫寺《すずむしでら》

西京区の**華厳寺**《けごんじ》は多くの鈴虫を飼っていることによりこの名がある。

竜安寺の石庭

苔寺《こけでら》

西京区の**西芳寺**《さいほうじ》のこと。池泉回遊式と枯山水《かれさんすい》の上下二段の庭園があり、百種以上という青苔が庭一面をびっしりと埋めている。現在はおとずれるためには申し込み制となり、苔の保護につとめている。

青苔におおわれる苔寺

泉涌寺仏殿

御寺《みてら》

東山区の**泉涌寺**《せんにゅうじ》は仁治三（一二四二）年に四条天皇の御陵が山内につくられて以来、多くの御陵の地となり、皇室の菩提寺として**御寺**と称される。

花の寺《はなのてら》

西京区**勝持寺**《しょうじじ》。西行ゆかりの桜など、境内の桜が見事でこの名がある。寒いときの椿、秋の紅葉のころもよい。

小町寺《こまちでら》

左京区静市の尼寺、**補陀落寺**《ふだらくじ》のこと。小野小町の墓所であるといわれ、本堂には、小町老衰像を安置する。

御手洗川の流れる社家の家並み

社家《しゃけ》

世襲神職の家のこと。おもだった神社付近には社家町が形成されていたが、今日では**上賀茂神社**の社家町がよく趣をのこしている。

つるそめ

祇園社に奉仕する人たちで、**犬神人**《いぬじにん》ともいった。神事用の弓弦をつくったり、境内の清掃、祇園祭の整理などをおこない、中世においては、武力をともない、祇園社を守った。

報恩講《ほうおんこう》

浄土真宗の開祖である親鸞をしのぶ法会。**東本願寺**は十一月二十一日から親鸞の忌日の二十八日まで。**西本願寺**では一月九日から十六日まで。**門徒衆**たち最大の信仰の集いである。

無言詣　御旅所

無言詣《むごんまいり》

祇園祭の七月十七日の神幸祭から二十四日の還幸祭までの七日間、四条大橋から四条の**御旅所**《おたびしょ》まで、誰に会っても口をきかず黙って毎晩詣でると願いごとがかなうというもの。

病弘法欲稲荷《やまいこうぼうよくいなり》

京人のことわざで、病気平癒は**弘法さん**（東寺）にお願いして、商売や金銭のことは**お稲荷さん**（伏見稲荷大社）にお願いするといい、という。

聖護院大根

命と食の章

精進料理《しょうじんりょうり》

日本では禅宗の渡来によりはじめられた。動物性の素材を用いない料理で、豆腐、麩などから蛋白質を摂る。本来は典座《てんぞ》と呼ばれる食事を担当する役僧がつくるものだが、京都には精進料理屋が何軒もある。**普茶《ふちゃ》料理**も同意だが、とくに黄檗《おうばく》宗のそれをいう。

天竜寺の精進料理

有職料理《ゆうそくりょうり》

「有職」とは、朝廷の儀に通じ、歴史に深い知識をもっていることをいう。そこから、朝廷および公家のあいだでおこなわれていた大饗など、儀式のおりに集まった人びとに供する料理のこと。武家の社会になっても受け継がれ、有職料理人も出現した。**本膳料理**、**会席料理**もその影響を受けている。

有職料理　萬亀楼

万福寺の普茶料理

懐石料理《かいせきりょうり》

修行中の僧が、空腹をしのぐために温めた石を懐中したことにならい、軽い料理のことをいう。のちに**茶懐石料理**となっていった。同じころのより豪華な**本膳料理**とはちがって、簡素を旨としている。**会席料理**は松永貞徳の門人の山本西武《さいむ》が句会のあとにもてなした料理に由来する。

ばらずし

寿司飯の上に錦糸玉子、甘露煮の椎茸、高野豆腐、筍、えんどう豆などを散らして最後に海苔を振る。京都では**雛祭**などの慶事によくつくる。海から遠い京都では、魚の生物は入れない。せいぜい**ちりめんじゃこ**をご飯にまぜるくらいである。冬にはこれを器に盛って蒸した**蒸し寿司**も食べる。

雛祭のばらずし

鯖ずし

さばずし

鯖は足が早いので、浜で塩をして若狭湾から京の街へ運んだ。それを甘酢に一晩浸けて寿司飯の上にのせ、竹の皮で包んでおく。身が締まったところで食べる。京都では祭のときに、この**鯖ずし**と**赤飯**を折箱に入れて知人や友人に配る習わしがある。

鯖ずし

鰊そば

にしんそば

江戸時代、北海道の松前から日本海沿岸の町に寄港して西へ向かう日本海航路が開かれると、昆布や鰊などの干物が京都へもたらされるようになった。干した堅い鰊を一晩米のとぎ汁につけてもどし、ゆがいて柔らかくする。沸騰した湯に醤油、味醂などを入れて鰊を煮《た》き、それを温かいそばにのせる。

鰊そば

鱧《はも》

むかしは、夏になると京都の人は、**鱧**を毎日のように食べていた。近ごろは贅沢品になってそうはいかないが、**祇園祭**は**鱧祭**というように、梅雨の明けたころの瀬戸内産のものがとびきりおいしい。鱧は強靱で、海から遠い夏の京都へ運ぶにも、弱らなかったからである。

ぐじ

甘鯛の一種で、鯖と同じように若狭の浜にあがって、一塩《ひとしお》したものを、京都の人はむかしから好んで食べてきた。塩焼きがふつうの食べ方で、鱗が細かいので、上手にそれをはがして口へ運ぶ。近年は若狭のものが少なく、おいしい**ぐじ**を食べるのに一苦労する。

鱧の骨切り

ちりめんじゃこ

海から遠い京都の人は、蛋白質の補給のために干物をよく食べる。**じゃこ**は子どものころから馴染み深いもので、そのままご飯にかけたり、山椒の実と煮《た》いたりして佃煮のようにもする。ここ二、三十年、淡く煮いた**山椒ちりめん**が京都の名物のひとつにのしあがったが、筆者の子どものころはもっと濃いめの醤油で煮いた、かなり辛いものであった。

諸子《もろこ》

京都の人は**琵琶湖**の淡水魚を、子どものころからよく食べていた。とくに、十センチ前後の小魚で、きわめて小さな鱗のついた**諸子**は、淡白な味のなかに少し苦味があって、塩焼きにして二杯酢で食べるのがいちばん味わい深い。そのほか唐揚げ、南蛮漬、そして小さなものは飴煮《だ》きにして食べる。二月から三月の初めにかけての子持ちの時期はとくにおいしい。

白あえ《しらあえ》

豆腐をすり鉢に入れて、ほんの少し和辛子をたらしてよく擂《す》る。砂糖、塩、薄口醤油で味付けをして、ゆがいた野菜、こんにゃくなどをあえる。豆、椎茸、そして季節によってりんごや柿などの果物も、これであえるとおいしい。懐かしい**おばんざい**のひとつである。

夫婦煮き《めおとだき》

夫婦煮きとは、焼豆腐と**お揚げ**を鰹節のだし、酒、砂糖少々、醤油で煮《た》き合せたもの。長い時間ゆっくりと煮く。むかし、筆者の祖母はこれを火鉢にかけて細い残り火で、長く煮いていた。子どものころはこんなものはおいしいと思わなかった。精進の場合は昆布だけだから、味はもっと淡白である。

こんにゃくと野菜の白あえ

夫婦煮き

加茂茄子

かもなす

野球のボールのような紫色の茄子《なす》で、収穫のころには黒味をおびてくる。もともとは、鴨川の東、**聖護院**《しょうごいん》あたりでつくられていたが、明治になって**上賀茂**へと移って、この名称となった。焼茄子というより、鉄板でたっぷりの油で揚げ焼きにして、西京《さいきょう》風の田楽味噌をのせて食べる。これを使った**柴漬**《しばづけ》も、皮に張りがあっておいしいが贅沢品である。このごろまがいものが多い。

おいだしあらめ

加茂茄子の田楽

生節

なまぶし

鰹を二枚におろして蒸したあと、堅木を燃やして燻《いぶ》し、軽く乾燥させたもの。やや生の要素がのこるところから、**生り節**と呼ぶ。日持ちがするので京都ではよく使い、**なまぶし**という。だしをとるのではなく、**焼き豆腐**、**蕗**《ふき》などと煮《た》くことが多い。生臭さが鼻につくが、それもいまでは懐かしい味である。

おいだしあらめ

八月十六日、**お精霊**《しょらい》**さん**が帰る日に、**あらめ**を煮《た》いて仏壇に供えることをいう。あらめを水でもどして、よく洗う。ゆがいてから、昆布のだし汁に醬油を入れて、**お揚げ**を細く切ったものを加える。あくまで精進にするので、これには鰹節は加えないのである。

蕪蒸し

かぶらむし

聖護院《しょうごいん》蕪《かぶら》、といっても現在では、淀や亀岡あたりで作付けしているのだが、この**京蕪**は特有の香りがある。それをおろして水気を切り、卵白であわせて塩味をつけておく。**鯛**とか**ぐじ**のような白身の魚、**百合根**、**銀杏**、**生麩《なまふ》**などを盛って、その上におろした蕪をかけて蒸しあげる。熱くなったところへ醤油で色づけした吉野葛《くず》を引いて食べる。

お揚げ

おあげ

油揚げのこと。京都の人は何にでも「お」をつける。水がよくておいしい豆腐があるので、**お揚げ**もいいものができる。筆者の子どものころの食卓にはお揚げがのぼらない日はなかったほど。これを火であぶり、油がじゅくじゅく浮いたようになったものを、醤油をかけて大根おろしをつけて食べる。

壬生菜とお揚げの煮いたん

煮いたん

たいたん

京都人の日常の食生活はきわめて質素である。**焼き豆腐**に削り鰹を入れた醤油煮、干し鰊と茄子、干し鱈《だら》と里芋、昆布巻、ひじきと**お揚げ**の煮物など、数え上げるときりがないが、これらは常備菜である。その日食べきれなくても、毎日のように火を入れて、何度も食卓にのぼる。煮物を京都人は**たいたん**という。懐かしい祖母や母の声と味である。

芋棒　いもぼう

鱈《たら》を干して堅く乾燥したものは、江戸時代の日本海航路で、鰊《にしん》、昆布などと一緒に京へ運ばれた。それを水にもどして、ゆでこぼして柔らかくする。そのだし汁に**海老芋**《えびいも》を入れて醤油、鰹節で味付けをして、気長に煮る。円山公園の一角には、それを食べさせる老舗がいまもある。

ひろうす

飛竜頭と書く。中国における伝説的な四瑞のひとつ、竜の頭にたとえられる。表は豆腐を擂《す》って丸く固めて揚げたものだが、そうは見えない。なかには銀杏と百合根、それに木耳《きくらげ》、人参、牛蒡《ごぼう》などが細かく刻んで入れてあって、それが、竜の頭のようだというが、これの煮《た》いたものは禅宗の**精進料理**の代表的な一品。

おばんざい

番菜という漢字をあてる。家で食べる普段の、ありあわせのものでつくったおかずで、関東でいう「お惣菜」にあたる。江戸の終わりに書かれた『守貞漫稿』に「平日の菜を京坂にては番さいと云」とある。これにも「お」がついて**おばんざい**という。

「お」

京都の人は、丁寧に言葉を発するために、何にでも、頭に「お」をつける。饅頭屋は「おまん屋」、うどんは「おうどん」、大根の漬物は「香《こう》の物」から「おこうこ」、こんにゃくは「おこんにゃ」、汁物は「おつゆ」、魚は「おとと」、揚げは「おあげ」という具合いである。

壬生菜　みぶな

都の西、壬生付近でつくられた冬の京野菜。**水菜**の一種だが、葉の先は丸みをおびて細長い。少し苦みがあって、辛子のような香りがある。**お揚げ**、鯨などの鍋に入れる。**千枚漬**にも彩りとして添えてある。

水菜・京菜　みずな・きょうな

稲の裏作に、田圃に畝《うね》をつくり、そこに水を引いて栽培するところから**水菜**となった。湿地を好み**賀茂川**、**桂川**の下流でつくられる。葉に細かな切りこみがある。初冬の食べものだったが、近ごろは夏にも出回っていて旬味が混乱している。

京のおばんざい　おから、エビ豆、鰯の煮いたん、しらすとほうれんそう、お揚げと大根の煮いたん

蕪・聖護院大根・淀大根

かぶら・しょうごいんだいこん・よどだいこん

鴨川の東岸、**聖護院**のある地は、江戸時代には野菜の名産地で、さまざまな改良新種が試みられたので、聖護院と冠せられた野菜が多い。いまは産地が変わり、蕪は亀岡、滋賀へ。大根は、淀の一口《いもあらい》で良質なものが採れ、**淀大根**という名称にもなっている。

柴漬

しばづけ

茄子《なす》、茗荷《みょうが》、胡瓜《きゅうり》を縦に切って、紫《し》蘇《そ》の葉、青唐辛子で色づけをし、塩漬けしたもの。夏に漬け、十分発酵したものを秋に食した。洛北**大原**の名産で、**寂光院**《じゃっこういん》に隠棲した建礼門院《けんれいもんいん》が**紫葉漬**と命名したという説と、**大原女**が柴を売るところから**柴漬**となったともいう。

酸茎

すぐき

酸茎は蕪《かぶら》の一種で、先のほうが細くなっており、独得の酸味がある漬物になる。**上賀茂神社**の**社家**《しゃけ》が、その邸内で栽培して漬けていたものが、明治時代になって、近くの農家へと移っていった。初冬に塩漬けにして、春になって食べていたが、やがて室《むろ》に入れて、温度を高めて早く発酵させるようになり、京の冬の食べ物となった。

千枚漬

せんまいづけ

京の初冬の代表的な漬物。**聖護院**《しょうごいん》**蕪**《かぶら》を鉋《かんな》で薄く切り、塩をしたあと、昆布を入れた甘酢に漬けたもので、**壬生**《みぶ》**菜**《な》をつけあわせる。近年、店で売っているものは、やたらと甘くて興ざめするものもある。

千枚漬をつくる

酸茎を漬ける

どぼ漬

どぼづけ

糠床《ぬかどこ》に漬けた漬物のことで、とくに夏の胡瓜《きゅうり》や茄子《なす》を漬けたもののことをそういうようである。近ごろは、年中出回っているが、夏に食べる胡瓜の浅漬と茄子のよく漬かったものは、格別である。

菜の花漬

なのはなづけ

早春に畑に咲く**菜の花**の先端を摘みとり、塩をふって、唐辛子をきかせて漬けたもの。むかしは時間をおいて発酵させたものだったが、近ごろは、浅漬けが好まれるようである。左京区**松ケ崎**の名産である。

葩餅　はなびらもち

白餅をうすく丸くのばして、そのなかに白味噌餡を入れ、牛蒡《ごぼう》を挟んで二つ折りにしたもの。もとは宮中の正月に鮎を挟んだことに由来するという。雑煮の代わりだった。

葩餅

粽　ちまき

葛、餅、しんこなどを笹の葉で包み藺《い》草で巻いたもの。中国よりその風習が伝来し、端午の節句にこれを食べて、邪気を祓《はら》う。京都では、かつて**祇園祭**の巡行のおりに山鉾から**粽**をまいたが、いまは危険なため**鉾町**で売っている。ただし、厄除けのお守りで中には何も入れない。家では玄関につるす。

葛と漉し餡の粽

八つ橋　やつはし

粳《うるち》米粉に肉桂《にっけい》という香辛料と砂糖を入れて薄くのばし、短冊形に切って丸形のそりをつけて焼いた菓子。京土産の定番である。江戸時代の初めに活躍した箏曲家八橋検校《やつはしけんぎょう》の墓が、左京区**黒谷**の**金戒光明寺**《こんかいこうみょうじ》にあり、そこで琴形の煎餅を売ったのが、そのはじまりという。医師羽田玄喜の二児が川で溺死したのを悲しみ、その妻が尼になって、八枚の板をつないで橋を造ったという話から考案されたとする説もある。生のものもできてから久しい。

水無月
みなづき

冬のあいだに氷をつくって貯蔵する所を氷室《ひむろ》といい、陰暦の六月一日、宮中ではそれを臣下に配った。これを口にすると夏痩せしないといわれ、この日を氷の朔日、氷の節句といった。**水無月**は、これにならったもので、氷に見立てた三角形のしんこの上に小豆《あずき》を散らす。六月三十日、**夏越祓**《なごしのはらえ》の日に食べる。これを食べると、もう夏休みが近いことを知ったものである。

麩饅頭
ふまんじゅう

小麦粉をよく練ってから、十分に水で洗うと、澱粉質が流れ、蛋白質のグルテンだけがのこる。それをよく練ったものが**生麩**《なまふ》で、**精進料理**には欠かせない素材。あっさりとした漉し餡を生麩で包み、笹の葉でくるんだものが**麩饅頭**。筆者の知るかぎりでは、「麩嘉《ふうか》」がその祖である。

麩饅頭

水無月

御手洗団子

葛切
くずきり

吉野産の葛を湯でこねて、冷水にさらし、きしめんのように細く切ったもの。料理に使ったものだが、**四条通花見小路西入ル**の「鍵善良房《かぎぜんよしふさ》」はこれを氷水に入れて、黒砂糖のたれで食べさせる。京都の人だけでなく観光客にも人気が高い。

あぶり餅

御手洗団子

みたらしだんご

団子を五つ串にさして炭火で焼き、甘みのある醤油たれをつけたもの。**御手洗祭**をおこなう**下鴨神社**の門前の名物。**四条通縄手《なわて》西入ル**、**南座**の向かい側にも小さな店があり、夕刻には行列ができている。

あぶり餅

あぶりもち

親指の先ほどの小さな餅にきな粉をまぶし、割った竹串にさして炭火で焼き、白味噌（西京《さいきょう》味噌）をつけて食べる。古く、平安時代、一条天皇のときに、**紫野《むらさきの》**の**今宮《いまみや》神社**再興にあたって、神様に捧げる神饌《しんせん》菓子としたのがはじまりという。**今宮さん**の参道の両側に二軒の店が向かい合い、客を呼びこむ。

京言葉の章

あいさに

たまに。ときどき。時たま。「野球ばっかりしてるようやけど、あいさに勉強もしてるんやなあ」

あいそなし

人に対して気配りができないこと。「おあいそなしで……」というと、訪問客に十分なもてなしができず、お土産などをあげられないこと。

あかん

いけないと禁じるとき、あまり効果があがらないとき、役に立たないときなどに使う。「遠くへ行ったらあかんえ」「あんだけ頑張ったのにあかんかったなあ」。弱いこともいい、「あかんたれ」は弱虫、意気地なしのこと。ていねいなときは「あきまへん」、よりていねいになると「あかしまへん」

あこ

あそこ。「あっこ」ともいう。「あこに置いてあるさかい、好きなんもっていき」

あこなる

明るくなる。「障子張り替えたら、部屋があこなったなあ」

あこなる　夏の陽射し

あないに

あのように。「あないにきれいな虹見んの、久しぶりやなあ」

あらへん

ないこと。「どこまで行ってもそんな名前の店、あらへん」

あんじょう

上手に。うまく。ほどよく。「あんばよう」は、ほどよくの意が強い。「あんじょう頼みます」「あんじょう騙されてしもた」

あんだら

「あほんだら」が短くなったもの。阿呆イコール馬鹿者だが、関西では馬鹿というより親しみがこめられている。

いけず

意地悪、意地悪な人のことをいう。京ことばの代表格。いけずばかりする人は「いけずしい」。「あの人は会うたびにいけずしはる」「いけずな人やなあ」

いこす

火を熾《おこ》すこと。

前は炭火どしたけど、いこす時に、粉が入って、湯葉にぽつぽつつきますやろ。そいでおがくずをつかうことにしました。　『古都』川端康成

いじいじ

もじもじと同意。「あの子は内弁慶やさかい、人前で声かけられて、いじいじしてたんと違いますか」

いじけ

寒がり。「炬燵にもぐってばっかりで、いじけやなあ」

いちびる

調子にのる。調子にのってふざける。わるふざけ。興奮して騒ぐ。「いちびり」は、調子にのってふざける人。「うちの子は授業中もいちびってばっかりで、ちょっとも勉強に身がはいらへん」

いらち

落ち着きのないこと。せっかちな人。「いらちやなあ、そのお肉まだ焼けてへんで」「あんたとこのお父さん、いらちやしかなんわ」

うるさ

おしゃべりでうるさいのではなく、一家言あって何にでも口を挟まずにはいられない人。何につけても一言文句をつけなくてはおさまらない人。うるさがた。

えずくろしい

くどくどしい。毒々しい。気持ちが悪いという「えずい」からきたものか。「えずくろしい格好やなあ、見てるだけで汗が出る」

えんばんと

あいにく。おり悪しく。運悪く。「せっかく来てくれはったのに、父はえんばんと出かけてます」

おいど

お尻。もとは御所言葉で、居るところ、座るところ、という意味合い。「おいどかけ」というのは、女の人がきものの裾《すそ》をはしょること。おいどが重いというのは動作の緩慢な人。また、べべた（びり）のこともいう。

おおきに

どうもありがとう、ご苦労さん、などお礼や労《ねぎら》いのときと、大変とか大層、の意にも使われる。「ええもんいただいて、おおきに」「おおきにごっつお（ご馳走）さんです」。なお、「結構です」という断りの意でも使われる。

おかはんごっこ

ままごと遊び。

おこしやす

よくおいでくださいました、というあいさつことば。商店、料理屋、茶屋などで、客人を迎えるときに使う。「おいでやす」より多少ていねいな感じ。

おこしらえ

嫁入り道具。

おことーさんどす

お忙しいことで、というあいさつことば。新年を迎える準備で忙しいころのあいさつ。

おしゃげ

おしまい。「これを運んだらおしゃげやさかい、きばってや」

おため

よそからの贈り物に対する返礼の品。京都では、半紙を入れたり、ポチ袋に少しお金を入れたりする。「おうつり」ともいう。

おっちょこちょい

西陣で使われていたことばで、新しくできた織屋の織り手のこと。いまでは一般的な意味の軽はずみな人のことをいう。

おみや

足のこと。お土産のこともいう。

かど

門の外。家の表《おもて》通り。家の出入り口とか家のまわり。「かどに水打っといてや」

おこしやす　料亭の上がり口

かなん

いやだ、という拒絶のとき。「そんなことというの、かなんわ」。ちょっと気詰まりなとき。「こんなもんもろて、かなんなあ」

かんにん

ごめんなさいと謝ること。「こんなことばっかりさせて、かんにんえ」

きーやさん

行商の漬物屋さん。

きぎしゃ

少し神経質なくらいにきれい好きな人。「あの人はきぎしゃやさかい、来はるときは部屋を片付けなあかん」

ぎょうさんな新成人たち

きさんじな

気性がさっぱりしていること。「きさんじなご主人やし、心配いらんえ」

きずい

わがまま。気まま。「誰に似て、このこはこないにきずいなんやろ」

ぎょうさん

数が多いこと、たくさんあること。「お祭やさかい、ぎょうさん人が出たはる」

きょろさん

眼をキョロキョロさせて落ち着かないことから、落ち着かない人のこと。たんに「きょろ」ともいう。

けだし

漬物など塩漬けにしたものの塩気を抜くこと。

けなりい

うらやましい。特異なという意の「異《け》なり」から。「けなるい」ともいう。

こーとな

華やかで上品な「はんなり」とは対照的に、地味で上品なこと。

ごきんとさん

仕事の邪魔をしにくる人。

ごくたれめ

極道者。「お前はほんまにごくたれめやな」

こせ

世話焼き。こせこせする人。

ごて

ごてごてと、苦情を並べ立てる人。ぐずぐずと文句をいう人。

さらねぶり

ねぶるは舐める意。勤め先をつぎつぎに変える機織り職人をいった。

ざんぐり

柔らかく膨らみのある感じ。自然な感じで垢抜けている様子。また、自然で風味、風合いがよいこと。何気なく、すっとした感じ。「ざんぐりしてて、着やすい服」

しかつい

しかつめらしい。しっかりした。もっともらしい。ほめことばでもあり、ちょっと皮肉っていたりするときに使う。「あんたとこのぼんも大きゅうならはって、しかついことといわはるようになりましたなあ」

じじむさい

垢抜けせず、粋でない。体裁が悪い。汚らしい。「しわしわのシャツ着てじじむさいなあ」

じぶんどき

食事どき。ご飯どき。「じぶんどきにお邪魔してすんまへん」

しゃっちもない

しょうもない。馬鹿馬鹿しい。「そんなしゃっちもない話、誰が信じるかいな」

じゃまくさい

面倒くさいこと。「こんな小さいもんを一個ずつ包むやなんて、じゃまくさいなあ」

じゅんさいな

とらえどころがない人。決断が遅い人。吸い物に入れたり、酢の物とした蓴菜《じゅんさい》は、かつて深泥池の名産であった。ぬるぬるしていて箸にかかりにくいため、どっちつかず、とらえどころがない、などの好ましくない意味に用いられるようになった。

しょうびんな

小びんなの意か。貧弱な。「お使いもんにするには、ちょっとしょうびんやな」

じょじょはいたとと

牛肉。「じょじょ」は草履《ぞうり》のことで、牛に草鞋《わらじ》をはかせたからという。

しんきくさい

もどかしい。じれったい。気がめる。「しんきくさいなあ、いつまで考えてんねん」

すいば

自分だけが知っている秘密の遊び場所。また釣りなどでよく釣れるところ。好い場。

ずう

瓜類の実の中央の、種を含む柔らかなところ（中子《なかご》）のことをいうが、陰日向のある人を「ずうな人」という。

すーすー

精いっぱい。「なんぼ負けてといわれても、これですーすーどす」

すかたん

見当はずれなこと、とんちんかんなこと。食い違うこと。「またすかたんしてしもた」「絶対に大丈夫や思てたのに、すかたんくわされてしもうた」

すこい

狡い。悪賢い。「一緒にてゆうたのに、自分だけ行ってすこいわ」

すぼっこな

無愛想な。あっさりした。「いまはすぼっこなお子のようでも、年ごろになればええ娘《こ》にならはります」

すましもの

洗濯物。「すます」といえば洗うことをいう。

すんずりした秋　つくばいと萩　竜安寺

すんずり

爽やかで涼しい。清々しい。茹だるようだった夏もすぎて、爽やかな秋のころのあいさつ。「すんずりしますなあ」

せつろしい

忙しい。気忙しい。気が急く様子。

せわしない

忙しい。「こんなせわしないときに、ごちゃごちゃいわんといて」

せんぐり

つぎからつぎへ。あとからあとから。「せんぐりせんぐり、大勢のお人が来はってなあ、えらい盛会どした」

せんど

「千度」と書けば、いく度も、たくさん、十分に。「せんどゆうてるのに、聞いてへんからや」「せんど待ったのに、待ち惚けやった」「せんどいただきました。もうお腹いっぱいどす」「先度」であれば、先頃、先日、以前。「せんどお願いしとりましたもん、できてますか」

そそくれる

機会をのがす。「さきにみんながええもん見せはるさかい、出しそそくれてしもた」

そやかて

だって。だからといって。「そやかて、お兄ちゃんのほうが先に手え出さはったんやもん」

だいじおへん

差し支えありません。たいしたことはありません。「大事ない」のていねいないい方。「だいじおまへん」になるともっとていねい。

だだがらい

むやみと辛い。

だんない

差し支えない。構わない。心配ない。「大事ない」の撥音化。「ちょっとくらい雨に濡れたかて、だんないだんない」

ちょか

落ち着きのない人。ちょっと出すぎる人。「ちょかちょか」は落ち着かない様子。「ストーブのねき（そば）でちょかちょかしたらあかんえ」

ちょかす

からかう。ふざけてする。

ちょける

おどける。道化る。「ちょうける（嘲ける）」が短くなったもの。

つろくする　町家の麻暖簾

つろくする

調和がとれる。釣り合いがよい。「このきものにこの帯を締めはったら、ようつろくしますえ」「分相応、何でも、つろくするゆうことが大事え」

つんぶり

かたつむりのこと。

であいもん

取り合せのよい食べ物。どちらの味も引き立つ。鰊と茄子、棒鱈と海老芋、筍とわかめ、水菜とお揚げ、生節と焼き豆腐など、京都のおばんざいにはであいもんがたくさんある。

どうどす

どうですか。ものをすすめる場合と、どうでしょうかと相手の意をうかがう場合がある。

とうに

とっくに。ずっと前に。「疾《と》し」が「とう」になったものか。「それはもう、とうにケリのついたことや」

なおす

しまう。かたづける。「これは大事なもんやし、ていねいに包んで押し入れになおしといて」

なるい

なだらかな。「なるい山」「昨日と違って、今日は風がなるい」。はっきりしない人のこともいう。

なんぎやな

困ったなあ。「なんぎなこっちゃなあ」とも。「あれから一週間になるのにまだできてへんのか、なんぎやなあ」

なんど

三時のおやつ。間食。虫おさえ。「なにか食べるもの」の意。

なんぼでも

いくらでも。「なんぼでも、欲しいだけもっていき」。「なんぼ」には、いくら、いくつ、という意味と、どんなに、何度、といった意味がある。

ねそ

無口で鈍重な人。

ねま

蒲団。寝床。「ねま敷いてあるさかい、お風呂から上がったらすぐに休みや」

のつこつ

もてあますさま。どうにか成し遂げること。「この毛糸、ええ色やのに、編みにくうてのつこつしたわ」「毎日のつこつやってます」

ののこ

綿入れの木綿のきもの。「ぬのこ(布子)」のなまったもの。

はしこい

すばやい。敏捷なこと。また頭が切れること。

はだはだ

「肌肌」と書く。反りが合わないこと。「上司とそないはだはだでは、先が思いやられるなあ」

はばかりさん

「はばかり」といえば便所だが、それに「さん」がつくと、ありがとう、ご苦労さんの意に。ちょっと世話になったときなどに使う。「昨日ははばかりさんどしたな」「おおきに、はばかりさん」。また、相手の思惑がはずれたときなど、お気の毒に、というちょっと皮肉っぽいいい方のときもある。

はよ

早く。「早う」がさらにつまって「はよ」。「お母さん探してはったえ。はよお帰り」「せえてはるさかい、はよ返事したげてな」

はんなりした桜色の干菓子

はんなり

華やかで、上品な明るさ。明るく華やかな様子。主に色彩に用いる。

塔の最下層、正面にかかっている色木綿の垂れ布が、それだけがはんなりとしていて、古塔との対照によって美しい。

『洛中生息』杉本秀太郎

べべた

びり。「運動会、がんばったけどべべたやった」

へんねし

すねること。ひがむ。ねたむ。「なんや、急にへんねしおこさはったみたいや」

ほいない

頼りない。ものたりない。はかない。「ほいないもんどすが、里から送ってきましたので、おひとつどうぞ」「先度逢うたときは元気やったのに、人の命はほいないもんやなあ」

ほかす

捨てる。「そんなもん、見るのも嫌やしほかしといて」

ほたえる

ふざける。戯れる。「ほたえてばっかりいんと、早う歩かんかいな」

ほっこりする

ほっとする。疲れたあとの一休みといったときに使う。深い安堵の気持ち。「めんどうな仕事が終わって、ほっこりしたわ」

ほどらい

適当。おおよそ。「なにごとも、ほどらいにしといたほうがええな」。いい加減にしておけばよいというのではなく、その程合いを見極めるのはなかなかむずかしい。

ほんま

ほんとう。「ほんまはどっちが先に手え出したんや」。日常の何気ない会話やあいさつにも使われる。「ほんまにええ天気になりましたなあ」「ほんまどすな」

まったり

味について使われることが多く、とろりと穏やかな口あたり、そしてそのなかにもコクのある感じをいう。「まったりして、舌の上でとろけるようや」。「あのお人はまったりしてはるなあ」など、人間として重厚さ、深み、まろみがあることもいう。

みせだし

店を開くこと。そこから、見習いから舞妓になってお座敷に出るときをいう。

むさんこ

むやみに。やみくもに。むやみやたらに。「なんぼ暑うても、冷たいもんばっかりむさんこに飲んだらあかんえ」

めっそうな

とんでもない。どういたしまして。思いも寄らぬこと。「めっそうな、お礼ゆうてもらうようなもんと違います」

もっさり

野暮ったい。洗練されない。冴えない。「もっちゃり」ともいう。「なんや、もっさりした服着てはるなあ」

やくたいもない

無益な。無茶な。つまらない。しょうもない。「夢みたいな話ばっかりして、やくたいもない」

やすけない

品がない。「やすけないお人やなあ」

ややさん

赤ん坊。「ややこ」ともいう。

ややとと

やや、つまり赤ん坊のように小さな魚。ちりめんじゃこのこと。

よーけ

たくさん。有り余るくらいたくさん。「そないよーけ取ったかて、全部食べられへんやろ」

よさり

夜。夜分。「あんたとこに寄せてもらうの、よさりになっても構へんか」

【索引】

あ●あいさに 172
あいそなし 172
葵祭 あおいまつり 36
青葉 あおば 34
あがり 13
上ル あがる 100
あかん 172
秋暑し あきあつし 58
秋麗ら あきうらら 58
秋扇 あきおうぎ 70
秋草 あきくさ 60
秋高し あきたかし 58
秋の色 あきのいろ 63
秋の虹 あきのにじ 70
秋の日 あきのひ 72
秋の燈 あきのひ 71
秋はもみじの… あきはもみじの 64
揚屋 あげや 134
あこ 172
あこなる 172
朝曇 あさぐもり 43
蘆刈 あしかり 68
紫陽花 あじさい 38
愛宕おろし あたごおろし 78
愛宕山 あたごやま 120
あないに 172
油照り あぶらでり 48
あぶり餅 あぶりもち 169
鮎 あゆ 41
あらへん 172
淡雪 あわゆき 10
あんじょう 172
あんだら 172
い●家の間 いえのま 124
いけず 173
いこす 173
いじいじ 173
いじけ 173
維新の道 いしんのみち 118
一見さん いちげんさん 134
いちびる 173
糸偏 いとへん 132
犬矢来 いぬやらい 126
芋棒 いもぼう 164
いらち 173
色無き風 いろなきかぜ 58
石清水祭 いわしみずまつり 74
インクライン いんくらいん 114
う●鶯張り うぐいすばり 145
右近の橘 うこんのたちばな 34
宇治 うじ 110
宇治川 うじがわ 112
牛祭 うしまつり 75
太秦 うずまさ 105
羅 うすもの 45
卯建 うだつ 127
宇多野 うたの 106
内玄関 うちげんかん 124
打水 うちみず 45
卯の花月 うのはなづき 32
梅見月 うめみづき 10
末枯 うらがれ 72
うるさ 173
え●えずくろしい 173
恵方詣 えほうまいり 91
えんばんと 173
お●「お」 164
お揚げ おあげ 163
おいだしあらめ 162
おいど 174
お稲荷さん おいなりさん 141
鶯宿梅 おうしゅくばい 13
おおきに 174
大沢池 おおさわのいけ 114
大路 おおじ 100
大橋 おおはし 114
大原野 おおはらの 107
大原の里 おおはらのさと 108
おかはんごっこ 174
置屋 おきや 134
お竈さん おくどさん 128
巨椋池 おぐらいけ 114
おけら詣 おけらまいり 89
おこしやす 174
おこしらえ 174

おことーさんどす　174
おしゃげ　174
お十夜　おじゅうや　84
お精霊さん　おしょらいさん　54
おため　174
お茶屋　おちゃや　135
おっちょこちょい　174
お土居　おどい　102
乙訓の里　おとくにのさと　108
お西さん　おにしさん　140
鬼には鰯　おにはいわし　97
大原女　おはらめ　137
おばんざい　164
お東さん　おひがしさん　140
お火焚　おひたき　84
お雛さん　おひなさん　26
朧月　おぼろづき　15
おみや　174
御室　おむろ　110
御室の桜　おむろのさくら　20
お山めぐり　おやまめぐり　141
温習会　おんしゅうかい　75
女正月　おんなしょうがつ　96

か●

蚕の社　かいこのやしろ　151
懐石料理　かいせきりょうり　158
帰り花　かえりばな　83
蟇股　かえるまた　145
顔見世　かおみせ　85
垣根　かきね　143
風車　かざぐるま　26
風花　かざはな　80
風薫る　かぜかおる　32
風死す　かぜしす　44
桂川　かつらがわ　113
桂女　かつらめ　137
かど　174
火頭窓　かとうまど　142
門松　かどまつ　90
かなん　175
蕪　かぶら　165
蕪蒸し　かぶらむし　163
上七軒　かみしちけん　116
鴨川　かもがわ　112
加茂茄子　かもなす　162
粥占　かゆうらない　95
川霧　かわぎり　68
寒椿　かんつばき　96
カンデンデン　かんでんでん　29
神無月　かんなづき　78
かんにん　175
寒念仏　かんねぶつ　83

き●

きーやさん　175
祇園　ぎおん　116
祇園祭　ぎおんまつり　46
きぎしゃ　175
菊の節供　きくのせっく　60
菊日和　きくびより　60
菊枕　きくまくら　60
きさんじな　176
きずい　176
北野　きたの　106
北山時雨　きたやましぐれ　69
貴船祭　きぶねまつり　40
木屋町　きやまち　116
胡瓜封じ　きゅうりふうじ　52
京格子　きょうごうし　126
ぎょうさん　176
京・白河　きょう・しらかわ　104
京都御苑　きょうとぎょえん　146
京都五山　きょうとござん　148
京都御所　きょうとごしょ　146
京都三大門　きょうとさんだいもん　148
京菜　きょうな　164
京に田舎あり　きょうにいなかあり　121
京の街道　きょうのかいどう　104
京の七野　きょうのしちの　106
京の底冷え　きょうのそこびえ　80
京の七口　きょうのななくち　103
京紫　きょうむらさき　132
清水の舞台　きよみずのぶたい　149
きょろさん　176
金毛閣　きんもうかく　148
霧時雨　きりしぐれ　69

く●

ぐじ　160
九条壁　くじょうかべ　129
葛切　くずきり　168
組重　くみじゅう　92

競べ馬　くらべうま　36
鞍馬の竹伐り　くらまのたけきり　40
鞍馬の火祭　くらまのひまつり　75
黒谷　くろたに　151

け
芸妓　げいこ　134
懸想文　けそうぶみ　91
けだし　176
けなりい　176
建仁寺さん　けんねじさん　141
憲法染　けんぽうぞめ　132

こ
公儀橋　こうぎばし　119
小路　こうじ　100
荒神棚　こうじんだな　128
こーとな　176
弘法さん　こうぼうさん　140
ごきんとさん　176
ごくたれめ　176
苔寺　こけでら　152
五山の送り火　ごさんのおくりび　55
五条大橋　ごじょうおおはし　119
こせ　176
ごて　176
湖底の風土　こていのふうど　49
事始　ことはじめ　87
小橋　こばし　114
小町寺　こまちでら　153
小松引　こまつひき　97
御霊会　ごりょうえ　37

さ
西行桜　さいぎょうざくら　18
西寺　さいじ　103
歳晩　さいばん　89
嵯峨菊　さがぎく　61
嵯峨野　さがの　107
嵯峨のお松明　さがのおたいまつ　27
嵯峨の釈迦堂　さがのしゃかどう　151
下ル　さがる　100
左近の桜　さこんのさくら　18
鯖ずし　さばずし　159
錆鮎　さびあゆ　68
小夜砧　さよきぬた　71
さらねぶり　177
猿ケ辻　さるがつじ　147
ざんぐり　177
三十石船　さんじっこくぶね　113
三鐘　さんしょう　151
三条大橋　さんじょうおおはし　119
三尾　さんび　111
三辺の山　さんぺんのやま　120
三門　さんもん　148
山門　さんもん　148

し
しかつい　177
始業式　しぎょうしき　94
じじむさい　177
四条大橋　しじょうおおはし　119
紫宸殿　ししん（い）でん　147
地蔵盆　じぞうぼん　55
時代祭　じだいまつり　74
枝垂桜　しだれざくら　16
枝垂柳　しだれやなぎ　24
七福神詣　しちふくじんまいり　93
悉皆屋　しっかいや　132
蔀戸　しとみど　145
柴漬　しばづけ　165
師範桜　しはんざくら　16
じぶんどき　177
終弘法　しまいこうぼう　88
終天神　しまいてんじん　88
島原　しまばら　116
社家　しゃけ　154
しゃっちもない　177
じゃまくさい　177
宿坊　しゅくぼう　143
春寒料峭　しゅんかんりょうしょう　10
じゅんさいな　177
春日遅々　しゅんじつちち　25
春宵　しゅんしょう　14
春水　しゅんすい　24
聖護院大根　しょうごいんだいこん　165
精進料理　しょうじんりょうり　158
しょうびんな　177
条坊制　じょうぼうせい　102
じょじょはいたとと　177
白あえ　しらあえ　161
白川　しらかわ　112
白川女　しらかわめ　137
しんきくさい　178
人日　じんじつ　91

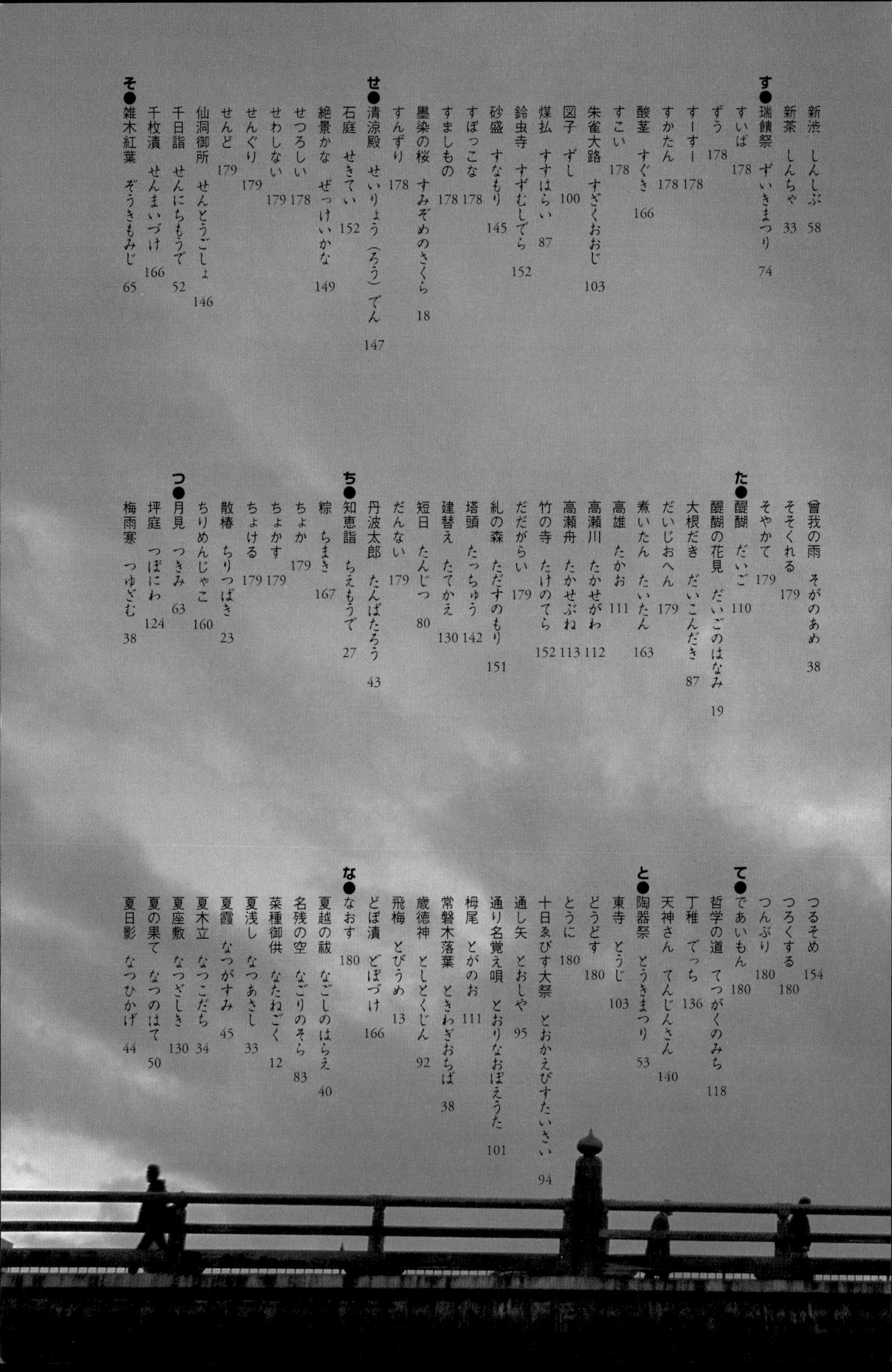

新渋　しんしぶ　58
新茶　しんちゃ　33

す●
瑞饋祭　ずいきまつり　74
すいば　178
ずう　178
すーすー　178
すかたん　178
酸茎　すぐき　166
すこい　178
朱雀大路　すざくおおじ　103
図子　ずし　100
煤払　すすはらい　87
鈴虫寺　すずむしでら　152
砂盛　すなもり　145
すぼっこな　178
すましもの　178
墨染の桜　すみぞめのさくら　18
すんずり　178

せ●
清涼殿　せいりょう（ろう）でん　147
石庭　せきてい　152
絶景かな　ぜっけいかな　149
せつろしい　178
せわしない　179
せんぐり　179
せんど　179
仙洞御所　せんとうごしょ　146
千日詣　せんにちもうで　52
千枚漬　せんまいづけ　166

そ●
雑木紅葉　ぞうきもみじ　65
曾我の雨　そがのあめ　38
そそくれる　179
そやかて　179

た●
醍醐　だいご　110
醍醐の花見　だいごのはなみ　19
大根だき　だいこんだき　87
だいじおへん　179
煮いたん　たいたん　163
高雄　たかお　111
高瀬川　たかせがわ　112
高瀬舟　たかせぶね　113
竹の寺　たけのてら　152
だだがらい　179
糺の森　ただすのもり　151
塔頭　たっちゅう　142
建替え　たてかえ　130
短日　たんじつ　80
だんない　179
丹波太郎　たんばたろう　43

ち●
知恵詣　ちえもうで　27
粽　ちまき　167
ちょか　179
ちょかす　179
ちょける　179
散椿　ちりつばき　23
ちりめんじゃこ　160

つ●
月見　つきみ　63
坪庭　つぼにわ　124
梅雨寒　つゆざむ　38
つるそめ　154
つろくする　180
つんぶり　180

て●
であいもん　180
哲学の道　てつがくのみち　118
丁稚　でっち　136
天神さん　てんじんさん　140

と●
陶器祭　とうきまつり　53
東寺　とうじ　103
どうどす　180
とうに　180
十日ゑびす大祭　とおかえびすたいさい　94
通し矢　とおしや　95
通り名覚え唄　とおりなおぼえうた　101
栂尾　とがのお　111
常磐木落葉　ときわぎおちば　38
歳徳神　としとくじん　92
飛梅　とびうめ　13
どぼ漬　どぼづけ　166

な●
なおす　180
夏越の祓　なごしのはらえ　40
名残の空　なごりのそら　83
菜種御供　なたねごく　12
夏浅し　なつあさし　33
夏霞　なつがすみ　45
夏木立　なつこだち　34
夏座敷　なつざしき　130
夏の果て　なつのはて　50
夏日影　なつひかげ　44

夏向きに建てる　なつむきにたてる　42
七種　ななくさ　93
菜の花漬　なのはなづけ　166
生節　なまぶし　162
なるい　180
なんぎやな　181
なんど　181
南都北嶺　なんとほくれい　148
なんぼでも　181

に●
西入ル　にしいる　100
西陣　にしじん　105
西陣織　にしじんおり　132
西日の矢　にしびのや　49
鰊そば　にしんそば　159
人形寺　にんぎょうでら　152

ね●
ねそ　181
涅槃会　ねはんえ　27
ねま　181

の●
のつこつ　181
ののこ　181
野分　のわけ・のわき　68

は●
麦秋　ばくしゅう　34
箱段　はこだん　128
葉桜　はざくら　33
走り庭　はしりにわ　124
はしこい　181
はだはだ　181
八十八夜　はちじゅうはちや　33
鉢叩き　はちたたき　83
初午祭　はつうまさい　13
八朔　はっさく　53
ばったり床几　ばったりしょうぎ　127
初詣　はつもうで　90
初紅葉　はつもみじ　64
果ての二十日　はてのはつか　88
花疲　はなづかれ　22
花の寺　はなのてら　153
花冷え　はなびえ　22
葩餅　はなびらもち　167
花山吹　はなやまぶき　23
はばかりさん　181
蛤御門　はまぐりごもん　146
鱧　はも　160
葉柳　はやなぎ　34
はよ　181
ばらずし　159
針供養　はりくよう　86
春の曙　はるのあけぼの　14
晩夏光　ばんかこう　50
はんなり　182

ひ●
比叡おろし　ひえいおろし　79
比叡山　ひえいざん　120
東入ル　ひがしいる　100
東山三十六峰　ひがしやまさんじゅうろっぽう　120
人を春にする　ひとをはるにする　15
火迺要慎　ひのようじん　93
火袋　ひぶくろ　128
百万遍　ひゃくまんべん　151
屛風まつり　びょうぶまつり　130
比良八荒　ひらはっこう　15
ひろうす　164
広沢池　ひろさわのいけ　114
琵琶湖疏水　びわこそすい　114
檜皮葺　ひわだぶき　143

ふ●
深草の里　ふかくさのさと　108
筆始　ふではじめ　93
麩饅頭　ふまんじゅう　168
文披月　ふみひろげづき　58
冬ざれ　ふゆざれ　80
冬隣　ふゆどなり　72

へ●
平安京　へいあんきょう　102
べべた　182
紅殻格子　べんがらごうし　127
へんねし　182

ほ●
ほいない　182
報恩講　ほうおんこう　154
方丈　ほうじょう　142
ほかす　182
鉾の辻　ほこのつじ　118
ほたえる　182
ほっこりする　182
ほどらい　182
骨正月　ほねしょうがつ　96
堀川　ほりかわ　113
ぽん　136
先斗町　ぽんとちょう　116
ほんま　183

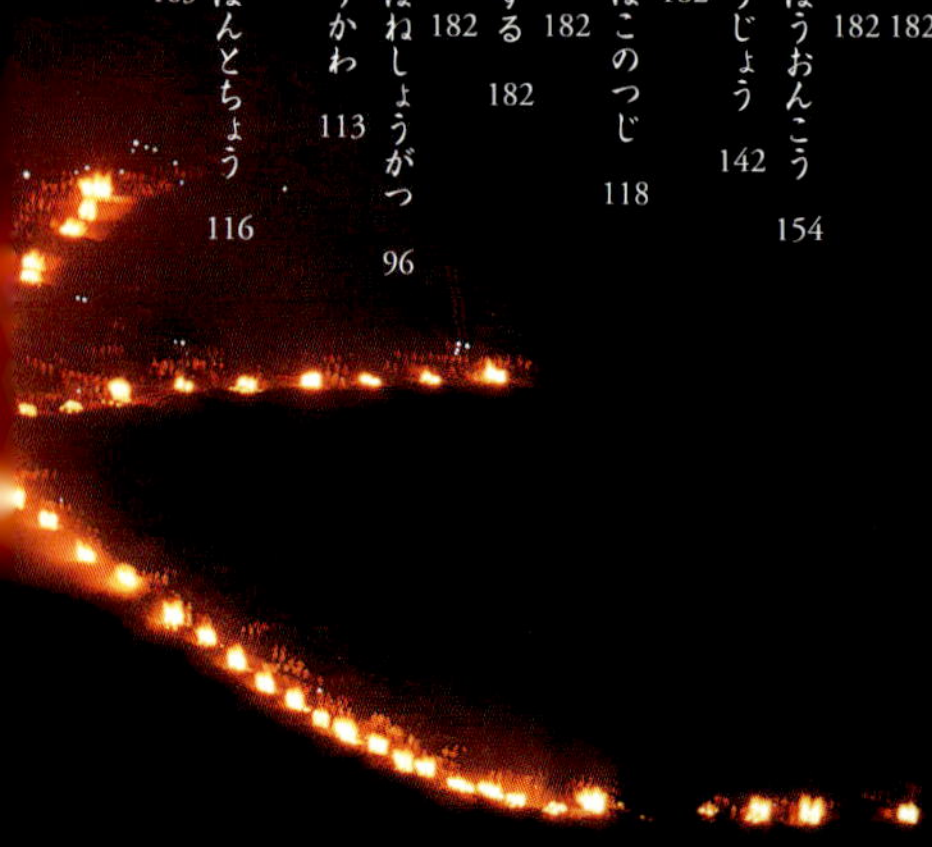

ま●舞妓　まいこ　134
槙尾　まきのお　111
町衆　まちしゅう　136
町家　まちや　124
松明上げ　まつあげ　55
まったり　183
待宵　まつよい　62
まねき上げ　まねきあげ　85
万灯会　まんどうえ　54
み●磨き丸太　みがきまるた　130
御車返しの桜　みくるまがえしのさくら　19
水尾の里　みずおのさと　108
水菜　みずな　164
みせだし　183
店の間　みせのま　124
御手洗団子　みたらしだんご　169
御手洗祭　みたらしまつり　52
三槲　みつがしわ　41
御寺　みてら　153
水無月　みなづき　168
壬生菜　みぶな　164
宮川町　みやがわちょう　116
都の都たるところ　みやこのみやこたるところ　121
都をどり　みやこおどり　28
む●無言詣　むごんまいり　155
むさんこ　183
虫籠窓　むしこまど　126
虫すだく　むしすだく　61
紫野　むらさきの　106
紫の京　むらさきのきょう　37
め●明月　めいげつ　62
夫婦煮き　めおとだき　161
めっそうな　183
も●餅花　もちばな　96
もっさり　183
紅葉壁　もみじかべ　129
桃　もも　23
諸子　もろこ　161
門跡寺院　もんぜきじいん　142
門徒　もんと　143
や●やくたいもない　183
八坂さん　やさかさん　141
やすけない　183
やすらい祭　やすらいまつり　29
八瀬童子　やせどうじ　136
八つ橋　やつはし　167
柳箸　やなぎばし　92
病弘法欲稲荷　やまいこうぼうよくいなり　155
山桜　やまざくら　16
山科の里　やましなのさと　108
山鉾巡行　やまほこじゅんこう　46
山粧う　やまよそおう　64
ややさん　183
ややとと　183
ゆ●夕顔　ゆうがお　41
友禅染　ゆうぜんぞめ　132
有職料理　ゆうそくりょうり　158
床　ゆか　42
雪の桜　ゆきのさくら　80
雪催いの空　ゆきもよいのそら　83
行く春　ゆくはる　25
油団　ゆとん　130
百合鴎　ゆりかもめ　83
よ●宵山　よいやま　46
よーけ　183
余花　よか　32
夜桜　よざくら　20
よさり　183
淀大根　よどだいこん　165
夜長　よなが　62
夜の秋　よるのあき　50
ら●雷響　らいきょう　48
洛中洛外　らくちゅうらくがい　103
羅城門　らじょうもん　102
落花流水　らっかりゅうすい　20
り●立春大吉　りっしゅんだいきち　10
涼気　りょうき　50
ろ●路地　ろうじ　100
六道の辻　ろくどうのつじ　118
六道詣　ろくどうまいり　54
六波羅　ろくはら　105
わ●若楓　わかかえで　34
若菜摘　わかなつみ　97
若葉　わかば　34
若水　わかみず　145

【参考文献】

京都の歴史　全10巻　学芸書林　1976
京都府の歴史散歩　上・中・下　山川出版社　2000
京都市の地名　平凡社　1987
京都大事典　淡交社　1984
京都歳時記　宗政五十緒・森谷尅久編　淡交社　1986
京都祭事記　神馬彌三郎　山と渓谷社　1972
カラー図説 日本大歳時記　座右版　講談社　1983
地名俳句歳時記六　近畿Ⅰ　山本健吉監修　森澄雄編　中央公論社　1986
新撰・俳枕５　近畿Ⅱ　尾形仂・稲畑汀子監修　朝日新聞社　1989
蕪村俳句集　尾形仂校注　岩波文庫　1997
新訂一茶俳句集　丸山一彦校注　岩波文庫　1997
日本詩人全集４ 与謝野寛・与謝野晶子・吉井勇　新潮社　1967
日本紀行　水上勉　平凡社　1975
洛中生息　杉本秀太郎　みすず書房　1976
続・洛中生息　杉本秀太郎　みすず書房　1979
京の名花・名木　竹村俊則　淡交社　1996
洛陽句抄　山本唯一　京都カルチャー出版　1994
句歌歳時記　山本健吉編著　新潮文庫　1993
日本の色辞典　吉岡幸雄　紫紅社　2000
蘆刈　谷崎潤一郎　新潮文庫　1974
細雪　谷崎潤一郎　昭和文学全集3　角川書店　1961
古都　川端康成　新潮文庫　1968
古今和歌集　佐伯梅友校注　岩波文庫　1981
新古今和歌集　佐佐木信綱校訂　岩波文庫　1929
街道をゆく・嵯峨散歩　司馬遼太郎　朝日文庫　1990
街道をゆく・大徳寺散歩　司馬遼太郎　朝日文庫　1994
京ことば　木村恭造　洛西書院　1990年
京ことばの知恵　河野仁昭　光村推古書院　2002
京都語辞典　井之口有一・堀井令以知編　東京堂出版　1992
京ことばの生活　木村恭造　教育出版センター　1983
京の口うら　杉田博明　京都新聞社　1995

【写真クレジット】

中田昭：2・3、8・9、 11、 13上、14、17下、 18・19、 21下、 23上下、 26〜29、 32、 36・37、38右、40〜42、 46下、 48・49、52〜55、 60下、 62、 64、 68、 72、 74、 75下、 78、 81上、84〜95、97〜99、 101、 102、 103左、 104〜108、 110、 111右、 112左、115下、 120・121、124・125、128左、 133下、 134、 136・137、 140、 141中、 142上、 144、 146〜155、158〜163、165〜169、 186・187

岡田克敏：1、 4・5、6・7、 10、12、13下、15・16、 17上、 21上、 22、 23中、 24・25、30・31、 33、35、 38左、39、 43〜45、 50・ 51、 56・57、 59、60上、 63、 65〜67、69〜71、73、 75上、 76・77、 79、81下、82、 96、 100、103右、 109、 111左、 112右、113、115上、117、118・119、126上、 127下、128右、129・130、133上、138・139、 141上、 145、156・157、170〜172、 176、178、 182、 184・185、188〜192

喜多章：46上、 47、 122・123、 126中、 127上、 131、 135、 142下、143、175

小林庸浩：180

【制作協力】

吉田家、高台寺和久傳、富美代、輪違屋、（財）角屋保存会、
（財）奈良屋記念杉本家保存会、山ふく

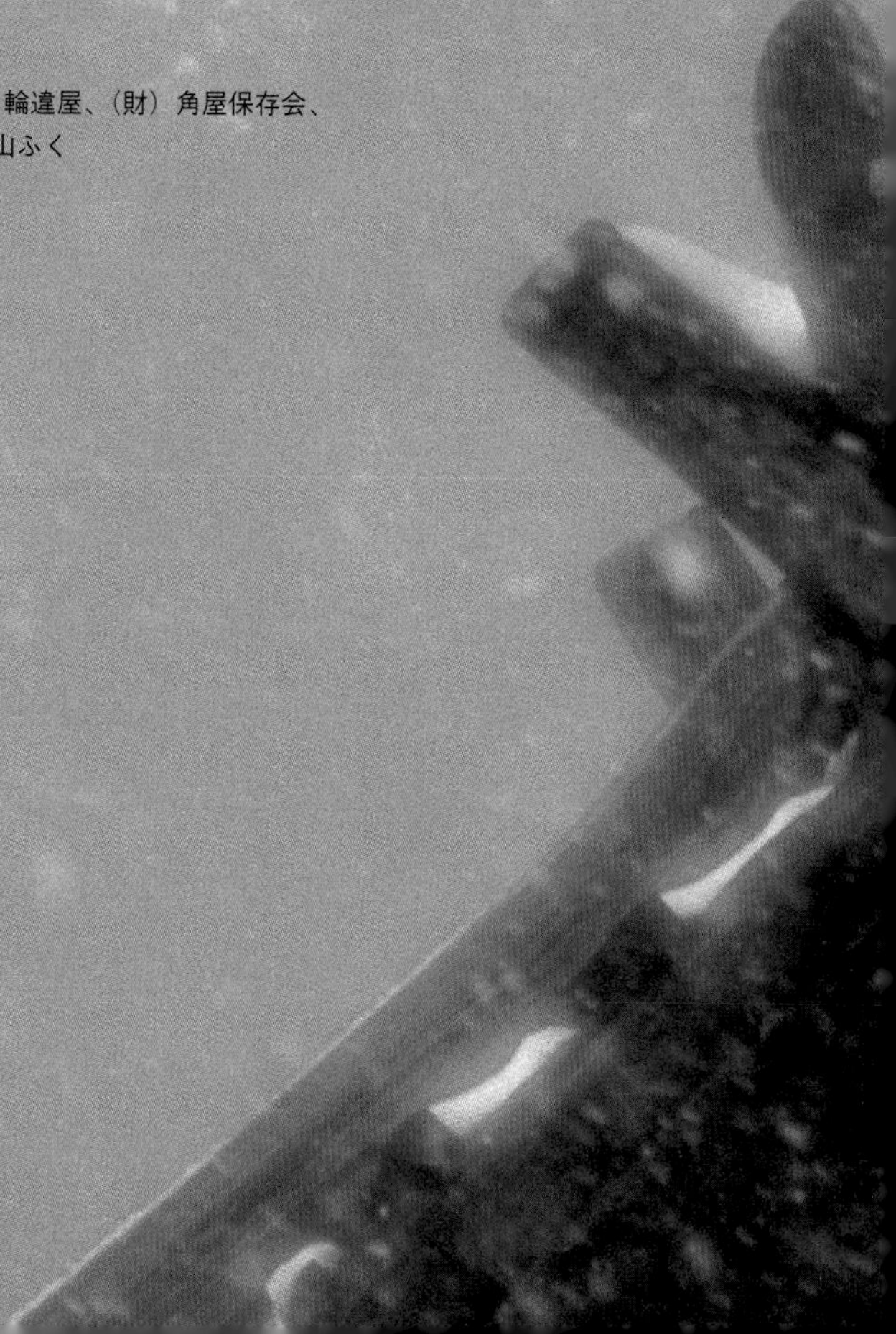

吉岡幸雄　よしおかさちお
1946年京都生。江戸時代から続く染司「よしおか」五代目として植物染を専らとしながら染織史の研究および伝統色や京都の町や四季についての執筆活動をおこなう。
主著書は『色の歴史手帖』『染と織の歴史手帖』『京都色彩紀行』（PHP研究所）、『京都町家 色と光と風のデザイン』（講談社）、『京都の意匠Ⅰ・Ⅱ』（建築資料研究社）、『日本の色辞典』（紫紅社）など。

槇野　修　まきのおさむ
1948年東京生。美術・紀行・俳句・写真集などの編集を長年おこなう。著作・執筆に『あの日の空もよう』（PHP研究所）、『吟行・東海道新幹線』（京都書院）、『東京の美術館ガイド』（朝日新聞社）など。

構成・文――――吉岡幸雄　槇野　修
編集協力――――岸本三代子
装丁――――――川上成夫
レイアウト―――金澤佳代子
製版ディレクター――石井龍雄（トッパングラフィックアーツ）
編集――――――福島広司　鈴木恵美　福田純子（幻冬舎）

カバー写真／表：小林庸浩　裏：岡田克敏

京のことのは
2002年6月10日　第1刷発行

発行者――――見城　徹
発行所――――株式会社 幻冬舎
〒151-0051　東京都渋谷区千駄ヶ谷4-9-7
電話03-5411-6211（編集）　03-5411-6222（営業）
振替00120-8-767643
印刷・製本所――凸版印刷株式会社

検印廃止

ISBN4-344-00199-0 C0072
Printed in Japan

幻冬舎ホームページアドレス
http://www.gentosha.co.jp/
この本に関するご意見・ご感想をメールでお寄せいただく場合は、
comment@gentosha.co.jpまで